신학은
학문이 아닙니다—

신학은 학문이 아닙니다

초판 1쇄 발행 2021년 11월 1일
개정판 2쇄 발행 2024년 1월 20일

지 은 이 l 장종현
펴 낸 이 l 백석정신아카데미

펴 낸 곳 l 기독교연합신문사(도서출판 UCN)
등록번호 l 제21-347호
등록일자 l 1992년 6월 28일
주   소 l 서울시 서초구 남부순환로 2221 5층
전   화 l (02) 585-2754
팩   스 l (02) 585-6684
이 메 일 l ucndesign@naver.com

디자인&인쇄 l 기독교연합신문사 출판국

ISBN l 978-89-6006-220-7 93230

신학은
학문이 아닙니다

장종현 지음

도서
출판

서문

————

지난 45년간 우리 백석학원을 인도하여 주시고 설립 45주년을 기념하여 『신학은 학문이 아닙니다』를 발간하게 해주신 여호와 하나님께 감사와 영광을 돌립니다.

처음 신앙을 갖게 되고 성령 충만을 경험했을 때 "진리를 알지니 진리가 너희를 자유롭게 하리라"라는 요한복음 8장 32절 말씀이 가슴 깊이 다가왔습니다. 그래서 하나님 나라를 위해 선교사가 되어야겠다는 꿈을 품었습니다. 길이요 진리요 생명이신 예수 그리스도를 알고 그 분 안에서 참 자유를 누리는 기쁨을 맛보았기 때문입니다. 하나님께서는 이 땅에서 신학교육을 통해 생명의 복음을 전하는 목회자 양성의 비전으로 제 꿈을 이끌어 주셨습니다.

신학교 설립 당시 하나님께서는 죽어가는 영혼을 예수님의 생명으로 살려야 한다는 마음을 저에게 부어주셨습니다. 십자가와 부활의 복음으로 민족을 살리고 세계를 섬기라는 사명을 주셨습니다. 그 후 무릎 꿇고 받은 사명을 감당하겠다는 열정과, 한 영혼이 온 천하보다 귀하다는 믿음으로 여기까지 달려왔습니다. 겨자씨 같이 작은 믿음을 귀하게 사용해 주신 하나님께 감사할 뿐입니다.

백석학원이 걸어온 길을 돌아보면 걸음걸음이 하나님의 은혜였음을 고백하지 않을 수 없습니다. 좋은 목회자를 배출하겠다는 소망을 가지고 신학교로 출발했지만, 하나님께서는 기독교대학으로서 학원 복음화의 사역을 감당할 수 있도록 지경을 넓혀주셨습니다. 우리 백석학원에 속한 백석신학교, 백석예술대학교, 백석문화대학교, 백석대학교는 저마다의 자리에서 오직 하나님께 영광을 돌리기 위해 맡은 바 사명을 충성스럽게 감당하고 있습니다. 백석학원의 오늘은 인간의 힘이나 능력 때문이 아닙니다. 하나님의 전적인 은혜입니다. 우리 백석학원이 기독교대학의 글로벌리더로서 눈부시게 성장한 것은 사람의 힘으로는 도저히 불가능한 하나님의 초자연적인 역사입니다. 그래서 우리 백석학원의 역사를 돌아보면 '사람이 마음으로 자기 길을 계획할지라도 그 걸음을 인도하시는 분은 하나님이심'을 마음 깊이 깨닫게 됩니다.

우리 백석학원이 추구하는 신학은 "신학은 학문이 아니라 예수 그리스도의 생명의 복음"이라고 요약할 수 있습니다. 1976년 신학교를 설립한 후 성경 중심 교육으로 복음전파를 힘 있게 감당할 수 있는 사명자를 배출하고자 진력해 왔습니다. 1978년에 설립한 백석총회는 이제 명실공히 한국교회의 중심교단이 되었습니다. 하지만 지난 45년 간 신학교육에 몸담아 온 저는 오늘날 한국교회의 쇠퇴가 잘못된 신학교육에서 비롯된 것임을 절감하고 있습니다.

무인가 신학교 시절 성경만 부여잡고 기도하면서 목회를 시작한 제자들은 건강한 교회를 목회하는 영적 지도자가 되었는데, 더 나은 환경과 교육 여건에서 학문적으로 뛰어난 신학자들에게 배운 제자들은 정작 개척하고 목회하는 것을 점점 더 어려워하고 있습니다. 신학은 교회를 위한 것이어야 하는데 목회 현장에 적용할 수 없는 신학을 가르치고 있는 것입니다. 그 이유가 무엇인지 기도하면서 고민하던 끝에 우리가 언제부터인가 신학을 성경에서 벗어나 학문으로만 가르치고 있다는 사실을 깨닫게 되었습니다.

저는 신학교에서 신학을 공부하면서 그리고 신학교를 설립하여 운영하면서 신학을 학문이라고 생각해본 적이 한 번도 없습니다. 물론 신학도 어떤 의미에서 보면 학문입니다. 학문적으로도 배워야 합니다. 하지만 학문이 신학의 본질은 아닙니다. 우리 주 예수 그리스도의 생명이 빠져있다면 아무런 소용이 없습니다.

지금 한국교회는 많은 어려움에 직면해 있습니다. 그 원인을 여러 가지로 분석할 수 있겠지만, 이 문제의 책임이 바로 저와 같은 신학교 운영자에게 있다는 생각이 날로 강해지고 있습니다. "신학은 학문이 아닙니다"라고 하는 저의 외침은 신학교육에 대한 이런 반성에서 나온 것입니다. "신학은 학문이 아닙니다"라는 외침을 통해 저는 신학교에서 신학생들을 가르치는 신학교수가 달라져야 하고 신학생들이 달라져야 할 것을 주장합니다. 누구를 비난할 의도는 없습니다. 한국교회가 살 길을 함께 모색하자는 제안이 핵심입니다. 신학교육의 문제는 어제 오늘의 문제가 아닙니다. 누군가를 탓하기보다는 서로 머리를 맞대고 지혜를 모아 해결책을 찾아야 합니다. 한국교회의 미래가 바른 신학교육에 달려 있기 때문입니다.

이 책 『신학은 학문이 아닙니다』는 오랜 기간 숙고한 결과물입니다. 2003년 한국복음주의신학회 국제학술대회 폐회설교를 시작으로 매년 백석대학교 신학대학원 신입생영성수련회를 통해 개정되고 발전되었습니다. 왜 신학이 학문일 수 없는지에 대해 제가 성경을 묵상하고 기도하면서 새롭게 발견한 내용들을 정리해서 담았습니다.

특별히 3부 "백석총회의 미래 비전: 개혁주의생명신학의 세계화"는 "신학은 학문이 아니라 예수 그리스도의 생명의 복음입니다"라는 내용을 목회현장에 어떻게 적용할 수 있는지를 제시한 것입니다. 2023년은 우리 백석총회 설립 45주년입니다. 최근 출범한 총회설립

45주년준비위원회는 '개혁주의생명신학으로 민족과 세계를 살리다'를 주제로 45주년을 준비하고 있습니다. 한국교회가 본질을 회복하는 것만이 민족을 살리는 길이며 세계 선교로 나아가는 길임을 강조합니다. "신학은 학문이 아닙니다"라는 외침은 교회의 본질을 회복하려는 개혁주의생명신학의 기초가 되었습니다. 개혁주의생명신학은 이제 백석학원과 백석총회를 넘어 한국교회와 세계교회로 그 지경을 넓혀가고 있습니다. 이런 상황에서 설립자로서 우리 총회가 어떤 방향으로 나아가야 하는지 제시할 필요가 있다고 생각했습니다. 지금까지 모든 백석인들이 설립정신을 귀하게 생각하고 복음전파의 사명을 감당하기 위해 진력해 온 것처럼 이번에 제시된 비전도 함께 가슴에 품고 하나님의 영광을 위해 더욱 힘써 주실 것을 부탁드립니다.

지금까지 우리 백석학원과 백석총회에 베풀어 주신 하나님의 은혜에 감사드리며, 주님 다시 오실 때까지 우리 백석학원과 백석총회가 기독교대학의 글로벌리더로서, 세계 선교의 전초기지로서 아름답게 사용되길 주님의 이름으로 축원합니다. 이 책이 그러한 일을 이루는 데 작은 밑거름이 되길 바랍니다.

2021년 11월 1일

장 종 현 박사
백석대학교 총장

목차

"이는 만물이 주에게서 나오고 주로 말미암고 주에게로 돌아감이라 그에게 영광이 세세에 있을지어다 아멘"(롬 11:36)

　지금 우리나라 신학교 커리큘럼은 미국의 신학교 커리큘럼과 거의 같습니다. 하지만 항상 그랬던 것은 아닙니다. 138년 전 우리나라에 복음을 전해 준 선교사님들은 한국교회 지도자들을 양성할 때 성경 교육을 중심에 두었습니다. 부흥의 시대인 18세기와 선교의 시대인 19세기 서구 교회의 복음전파 사명과 열정의 열매라 할 수 있는 선교사님들은 자신들이 배운 신학보다는 성경 말씀 자체를 복음으로 선포하고 교육하는 일에 전심전력을 다했습니다. 선교지 한국을 변화시킬 수 있는 것은 오직 성경뿐이라고 믿었기 때문입니다. 신학 교육을 하면서 개론 과목들 몇 개 외에는 주로 성경을 가르쳤습니다. 선교사님들이 신학을 공부하던 시기 미국의 신학교는 성경을 중심으로 가르쳤으며 성령의 역사로 말미암아 부흥을 경험하였고 그 결과 많은 이들이 세계선교의 길에 올라 우리나라까지 오게 되었던 것입니다.

　복음을 받은 지 얼마 되지 않아 우리나라는 일제 강점기의 혹독한 시련을 겪었습니다. 하지만 하나님의 말씀이 주시는 위로와 능력으로 그 어려운 시간을 견뎌낼 수 있었습니다. 그런데 안타깝게도 1920-1930년대에 서구신학교는 자유주의 신학자들의 영향으로 성경 보다는 신학자들의 학설을 전수하는 교육을 하기 시작했습니다. 신학교 안에서 신학 논쟁이 심화되었습니다. 자유주의 신학자들은 성경의 가르침에서 벗어나 이성에 바탕을 둔 이론을 진리인 양 주장했습니다. 이런 자유주의 신학에 맞서기 위해 보수주의 신학자들도 사변적 이론 강화에 힘쓰다 보니, 성경보다는 자신들 전수받은 신학 이론과 연구성과를 더 붙들게 되었습니다. 그 결과 자유주의는 물론이고 보수주의 신학교에서도 성경의 가르침보다는 신학자들의 학문 전수가 신학 교육의 주된 자리를 차지하게 되었습니다. 초기에 우리나라에 온 선교사님들이 공부하던 때와는 많이 달라진 교육이 서구 신학교에 자리잡게 된 것입니다.

그로부터 수 십 년이 지나자 미국교회의 성장이 둔화되기 시작했습니다. 유럽의 교회는 그보다 훨씬 앞서 이미 정체 상태에 빠져 있었습니다. 1970년대 부흥을 경험하면서 뜨거운 열정을 품은 한국교회의 많은 신학도들이 미국과 유럽의 신학교에 유학을 가서 공부한 것이 바로 이 때쯤이었습니다. 한국교회 선교 초기 선교사님들이 공부하던 시기와는 전혀 다른 신학과 사상에 물든 신학교에 유학을 가게 된 것입니다. 지식에 목말랐던 유학생들은 교수들이 가르치는 신학을 여과 없이 받아들였고 그렇게 전수받은 신학을 보수 신학이라는 이름으로 가지고 들어와 서구 신학교와 유사한 체계로 후학들을 가르쳤습니다. 이것이 한국교회의 신학이 사변화 된 출발점이라 할 수 있습니다.

저는 신앙 선배들의 앞선 노력과 학문성 자체를 폄하하려는 생각은 전혀 없습니다. 오히려 그분들의 수고를 인정하고 한국 신학계에도 일정 부분 기여했음에 감사하고 있습니다. 현대의 세속적 도전들에 맞서 어떻게 해서든지 순수한 기독교 신앙을 지키려다보니 무게 중심을 목회자를 양성하기보다는 학문 탐구 쪽에 더 두었던 것이라고 생각합니다. 그럼에도 아쉬운 것이 있습니다. 신학이 사변화 됨에 따라, 복음에 대해 지녔던 열정과 순수한 신앙이 오히려 약화되면서 한국교회도 점차 쇠퇴의 길로 접어들고 있다는 사실입니다.

한국교회가 분열과 세속화의 문제를 극복하지 못하고 힘을 점점 잃어가는 근본 원인은 신학자와 목회자에 있다고 생각합니다. 더 큰 문제는 신학자와 목회자를 잘못 배출한 저와 같은 신학교 운영자들에게 있다고 생각하고 있습니다. 어떤 상황이 오더라도 성경 중심의 교육에 기초한 신학 교육을 했어야 했는데, 더 좋은 신학 교육을 하겠다고 학교를 학자들을 중심으로 운영해 온 것을 반성하며 회개하고 있습니다. 성경 66권을 하나님의 완전한 계시로 믿고 날마다 하나님의 세미한 음성을 듣기 위해 기도하는 학문과 영성을 겸비한 신학자를 채용했어야 하는데 입으로는 믿는다고 말하면서도 성령의 역사와 천국에 대한 확신조차 없는 신학자를 채용한 것이 신학생들의 영혼을 메마르게 만들었기 때문입니다.

저는 신학을 학문으로 생각해 본 적이 없습니다. '신학은 학문이 아니다'라는 말을 제가 외친지 올해로 19년이 되었습니다. 신학이 학문이 아니라는 사실을 아직도 받아들이지 않는 분들이 있는 것을 보면서 도대체 왜 그럴까 하는 생각을 해보았습니다.

신학은 성경 66권을 하나님의 완전한 계시로 믿고 그 말씀이 가르치는 대로 순종하기 위한 것입니다. 처음부터 우리나라 신학교 커리큘럼이 지금처럼 학문 중심으로 이루어졌던 것은 아닙니다. 초기에는 구약개론, 신약개론, 신도개요와 예배모범 같은 필수 기초과목을 제외하고는 성경 각권을 본문에 따라 직접 공부하도록 가르치는 것이 교육 과정의 주된 내용이었습니다.

제가 신학을 공부하던 시절에는 이미 신학부 3, 4학년 재학 중에 개척을 해서 목회를 하는 사람들이 많았습니다. 지금의 교육 환경이나 목회 여건과 비교한다면 부족한 것이 많았을지 모르지만, 주께 받은 사명을 감당해야 한다는 의지와 성경을 배우려는 의욕은 남달랐습니다. 이처럼 우리 신학교가 성경을 위주로 가르쳤을 때 우리 백석총회가 왕성하게 일어났습니다. 우리 방배동 신학교 뒷산에도 기도소리가 늘 끊이지 않았습니다. 철야기도도 많이 했고 금요일이 되면 신학생들은 수업을 마치고 기도원으로 가서 산기도를 했습니다. 그 때 신학교에서 공부하신 분들이 무릎 꿇고 기도했기에 오늘날 한국교회가 든든히 설 수 있었던 것입니다.

제가 총회와 신학교를 설립하고 운영한 사람으로서 이런 이야기를 하는 이유가 있습니다. 우리 신학자들과 목회자들이 현대 신학교육의 문제가 어디서부터 비롯되었는지를 알고, 한국 교회의 부흥을 이끌었던 초기 신학 교육의 참된 정신을 회복해야 한다고 생각하기 때문입니다.

선교사님을 통해서 복음이 우리나라에 들어온 지 138년이 되었습니다. 1980년 우리나라에 신학대학원 목회학 석사과정(M.Div.)이 교육부의 인가를 받기까지 96년 동안 한국의 신학교는 성경 중심의 교육을 통해 목회자들을 배출했습니다. 그러나 신학 교육도 교육부의 인가를 받게 되면서 일반 교육과 같은 기준으로 전문적인 학위 과정이 요구하는 교육 방식을 선택하게 되었습니다. 그 결과 성경 중심 교육에서 벗어나 학문화의 길을 걷게 된 것입니다.

한국교회 역사 138년 중 96년이라는 오랜 기간 동안 선배 목사님들은 정식 목회학 석사학위는 물론 학문 중심의 전문화된 신학 교육을 받지 못했습니다. 하지만 오직 성경을 부여잡고 기도하면서 한국교회의 놀라운 부흥을 이끌었습니다. 한국교회 선교 초기 선교사님들과 교회 지도자들은 목사가 될 사람들에게 뜨거운 사명감을 심어주셨습니다. 성도들을 위해 봉사하는 투철한 희생정신을 가르쳐주셨습니다. 하나님의 말씀과 기독교의 진리를 굳건히 믿고 성령 충만하여 힘 있게 사역할 수 있도록 항상 기도성령운동에 힘쓰도록 하였습니다. 목회자 후보생들을 예수 그리스도를 위해 어떤 고난이라도 능히 이겨낼 수 있는 사람으로 양육했습니다. 바로 이것입니다. 우리 신앙의 선배들이 신학을 학문적으로 배우지 않고 성경 중심으로 배운 결과 오늘날 한국 기독교가 우뚝 설 수 있었던 것입니다.

한국교회 역사가 이를 잘 보여줍니다. 1901년 한국교회 목회자 양성을 위해 설립된 평양신학교는 1938년 신사참배를 반대하였다는 이유로 휴교 당한 후에 1940년 폐교될 때까지 성경을 중심으로 목회자를 배출했습니다. 해방 후 평양신학교의 정신을 이어 받아 1948년에 신학교를 재건하여 1951년 대구신학교로 갔다가 1953년 서울 남산의 총회신학교로 돌아 올 때까지 모든 신학 교육의 중심에는 성경이 있었습니다. 목회자 교육은 학력인정보다는 영적 지도자로서 필요한 교육을 해야 한다는 선교사님들의 의지가 있었기 때문일 것입니다. 선교사님들은 일찍부터 성경공부반을 만들어 성경교육에 힘쓰셨습니다. 보통성경공부반을 시작으로 고급성경공부반에 이르기까지 주로 농한기를 통해서 성도들에게 말씀을 가르쳤고, 특별공부반을 따로 두어 교회에서 칭찬 받고 인격이 훌륭한 사람들이 목회자로 훈련 받도록 하였습니다.

오늘날의 신학교와 달리 성경공부반에 등록한 학생들은 바쁜 농사철에 농사를 짓고 농한기 3개월 동안에는 성경공부에 힘썼습니다. 그리고 9개월 동안은 교회 현장을 중심으로 봉사했습니다. 성경공부를 중심으로 하는 성경학교에서 성경의 기초를 배우고, 신학교에 들어가 기초 신학이론과 성경본문 해석을 심도 있게 배우면서 목회자로서 경건의 훈련을 받았습니다.

신학대학이나 신학대학원이 교육부 인가를 받은 것은 그리 오래된 일이 아닙니다. 장자교단으로 불리는 역사와 전통이 있는 교단의 신학교도 교육부 인가를 받은 지 얼마 되지 않았다는 뜻입니다. 그 이전의 신학교들은 대부분 무인가 상태였거나 학부만 인가를 받은 상태였지만 성경을 중심으로 신학 교육을 잘 해 왔습니다. 역사와 전통도 중요합니다. 교육부의 인가를 받는 것도 중요합니다. 그러나 인가를 받았다고 해서 예수 그리스도의 생명이 있는 것은 아닙니다. 예수 그리스도의 생명이 없으면 참된 신학교육일 수 없습니다.

참된 신학교육의 목적은 영혼을 살리는 목회자를 배출하는 것입니다. 온 세상에 구원의 복음을 전하는 것입니다.

그런데 구원은 오직 그리스도의 영이 우리에게 임재할 때에만 가능합니다. 그리고 먼저 구원을 받은 사람만 구원을 전할 수 있습니다. 전통과 역사는 구원을 주지 못하며 교리도 구원을 주지 못합니다. 절대로 착각해서는 안 됩니다.

제가 신학교에 다닐 때는 지금처럼 서구화된 커리큘럼으로 공부하지 않았습니다. 변변한 주석 한 권 제대로 없었습니다. 하지만 성경 한 권만 붙들고, 무릎 꿇고 기도하면서, 성령의 세미한 음성에 귀 기울였습니다. 하나님을 향한 마음이 간절했고 성경 자체를 배우는 데 충실했습니다.

물론 전문화된 방식에 따라 체계적으로 신학을 배우는 것에 유익한 부분이 있습니다. 신학을 학문적으로 접근하는 것도 일정 부분 필요합니다. 성경을 이해하기 위한 기초 지식이 필요합니다. 성경의 배경, 역사, 문화, 당시 정황을 알아야 합니다. 학문적으로도 배워야 합니다. 알아야 합니다. 교리가 형성되는 과정을 다루는 교리사도 배워야 하고, 성경을 주제별로 다루는 조직신학도 배워야 합니다. 그러나 학문적인 노력 자체가 구원을 주지는 않습니다. 역사를 안다고 해서, 지식이 있다고 해서 말씀에 순종할 수 있는 것은 아닙니다. 모든 교육과정의 목적은 하나님의 완전한 계시인 성경이 분명히 제시하는 하나님과 하나님의 뜻을 알고 그 뜻에 순종하는 삶을 살도록 해야 하는 것입니다.

아는 것과 믿는 것은 다릅니다. 이천 년 전에 예수 그리스도께서 나를 위해 십자가에 달려 돌아가신 것을 믿어야 합니다. 십자가와 부활의 신앙이 필요합니다. 십자가는 예수님께서 나를 위해 무조건 베푸신 사랑과 희생이었음을 기억해야 합니다. 예수 그리스도의 성육신, 그리고 십자가와 부활, 재림을 믿어야 구원을 받습니다. 다시 오실 주님을 믿어야 하는 것입니다.

언젠가 우리 학교의 주요 보직을 맡고 있는 신학자로부터 미국에 계신 세계적인 학자를 우리 학교 교수님으로 모시면 좋겠다는 요청을 받았습니다. 그 분을 모셔오기만 하면 우리 학교의 위상이 높아진다는 것이었습니다. 2년만 계시다가 다시 돌아가신다고 해도 우리 학교의 이미지는 엄청나게 올라갈 것이라고 주장했습니다. 하지만 세계적인 석학을 모셔오면 학교의 위상이 높아진다고 하는 생각은 학문이 이미 그분에게 우상이 되었음을 보여줍니다. 학문적 지식만 많으면 좋은 학교가 된다고 하는 사람들이 신학생들을 가르치는데 어떻게 영적 생명의 역사가 일어날 수 있겠습니까?

좋은 학자라면 세계적인 국제학회지에 논문이 실려야 하고 세계적인 학자가 있어야 학교가 업그레이드 된다고 하는 말을 들을 때, 도대체 이분이 하나님을 믿는지 신학자를 믿는지 이해할 수가 없었습니다.

신학이 학문으로 확립되기 시작한 것은 중세대학의 설립과 관련이 있습니다. 중세 대학을 통해서 학문화된 신학은 대학의 전문적인 학문 가운데 한 분과로 자리 잡게 되었습니다. 그런데 계몽주의 시대에 들어서 이성을 지나치게 강조하면서 신학을 대학에서 퇴출시키려는 움직임이 있었습니다. 신학이 대학에서 퇴출될 것을 우려한 신학자들은 신학이 객관적인 학문임을 강조했습니다. 신학을 전문적이고 세분화해서 연구하기 위해 신학의 분과를 나누기 시작했습니다. 우리가 지금 일반적으로 받아들이는 신학의 네 분과인 성경신학, 조직신학, 역사신학, 실천신학도 이런 배경에서 형성된 것입니다. 이렇듯 신학을 분과별로 나누는 일이 가속화된 것은 19세기에 이르러서였습니다.

신학이 전문화되고 세분화되면서 신학의 커리큘럼도 그에 맞게 조정되었습니다. 성경을 이해하기 위해 신학을 각 분과 전공별로 나눈 것은 참 좋은 것이라 생각할 수도 있을 것입니다. 자기 분야를 전문성 있게 연구하여 성경을 심도 깊게 이해하게 된 것도 신학의 발전이라 할 수 있을지 모릅니다.

그런데 문제가 생겼습니다. 학문이 발전하면서 성경을 분석하고 연구한 신학자와 철학자들의 말이 성경보다 더 큰 권위를 갖게 된 것입니다. 신학자들은 학문적 업적을 세우기 위해 성경을 자신의 말로 나누고 분석하는 일을 바른 신학이라 착각하게 되었습니다. 성경을 대할 때 성령의 조명에 따라 성경 자체를 깊이 묵상하고 연구하기보다는 신학자들의 말을 더 의지하게 되었습니다. 성경을 체계적으로 이해하도록 하는데 도구가 되어야 할 신학이 오히려 목적이 된 것입니다. 신학은 성경을 바르게 이해하도록 돕는 도구나 수단이 되어야 합니다. 신학 자체가 목적이 되어서는 안 됩니다. 성경에 나타난 하나님의 뜻을 깨닫기 위해 무릎 꿇고 기도해야 할 신학자들이 그렇게 하지 않고 오히려 성경을 자신의 학문성과 업적을 드러내는 도구로만 사용한다면 그것이 바로 우상이 됩니다. 신학은 반드시 성경에 나타난 하나님과 그분의 뜻을 체계적으로 이해하는 도구가 되어야 합니다.

신학이 학문으로 발달하면서 나타난 불행한 결과는 성경이 하나님의 완전한 계시라는 점을 간과하게 된 것입니다. 원뿌리인 성경은 사라져 버렸습니다. 다윗의 말, 모세의 말, 예레미야의 말, 요한의 말, 66권을 기록한 기록자 40명을 인간 저자라고 말하면서 성경을 문학책을 다루듯이 분해했습니다. 하나님의 말씀을 받아 기록한 사람들을 성경의 저자라고 말함으로써 성경의 권위를 추락시킨 것입니다.

베드로후서 1장 21절은 "예언은 언제든지 사람의 뜻으로 낸 것이 아니요 오직 성령의 감동하심을 받은 사람들이 하나님께 받아 말한 것임이라"라고 말씀하셨습니다.

하나님의 말씀인 성경은 성령의 감동하심을 받은 사람들이 하나님께 받아 말한 것이라고 분명히 말씀하고 있습니다. 그런데 학자들은 성경에서 어디까지가 인간의 말이고 어디까지가 하나님의 말씀인지를 연구하느라 시간을 쏟고 있습니다. 어떤 신학자들은 성경에서 빨간색으로 표시된 부분만 예수님의 말씀이고 나머지는 마태의 글이거나 마가의 글이라고까지 말하기까지 합니다.

디모데후서 3장 16절은 "모든 성경은 하나님의 감동으로 된 것으로 교훈과 책망과 바르게 함과 의로 교육하기에 유익하니"라고 말씀하셨습니다.

모든 성경은 하나님의 감동으로 기록된 하나님의 말씀입니다. 말씀은 살아 움직입니다. 생명의 말씀은 우리를 살립니다(요일 1:1). 성령의 감동으로 기록되었기 때문입니다. 말씀에 생명력을 불어넣으시는 분이 성령님이십니다.

욥기 32장 8절은 "사람의 속에는 영이 있고 전능자의 숨결이 사람에게 깨달음을 주시나니"라고 말씀하셨습니다. 살아 역사하시는 성령께서 우리 속에 계실 때 하나님의 말씀을 잘 깨달을 수 있습니다.

지혜와 계시의 영이신 하나님께서 우리로 하여금 하나님을 알게 하시는 것입니다. 에베소서 1장 17절은 "우리 주 예수 그리스도의 하나님 영광의 아버지께서 지혜와 계시의 영을 너희에게 주사 하나님을 알게 하시고"라고 말씀하셨습니다. 우리가 하나님을 찾아가는 것이 아닙니다. 하나님께서 우리를 찾아오셔서 깨닫게 해주실 때 하나님을 조금이나마 알 수 있습니다. 따라서 신학은 사람 위주로 흘러가서는 절대로 안 됩니다.

창세기 1장 2절을 보면 창조의 때에 하나님의 영이 수면 위를 운행하셨습니다. 우리 인간은 하나님의 형상대로 빚어졌습니다. 우리 인간은 흙이었지만 하나님의 숨결이 들어와서 생령이 되었습니다. 하나님은 영이시기에 하나님의 형상대로 지음 받은 우리는 영적 존재입니다. 그래서 우리가 기도할 때에 성령께서 임재하셔야만 우리는 하나님을 알 수 있는 것입니다.

하나님의 말씀인 성경은 일점일획도 오류가 없는 하나님의 계시입니다. 이것을 믿어야 합니다. 그런데 철학자들의 말, 인간의 말을 더욱 신뢰하는 것이 문제입니다. 그렇게 될 때 학자들의 말에는 희생도 없고, 봉사도 없고, 용서와 감사의 눈물도 없습니다.

그런데 신학자들은 하나님의 말씀보다 학자들의 말을 더 믿고 있습니다. 하나님의 말씀을 믿는다면 섬김과 사랑, 희생과 봉사가 있어야 할 터인데 그런 모습이 전혀 나타나지 않고 있습니다. 더 심각한 것이 있습니다. 신학자들이 신학을 학문으로 우상화하고 있으면서도 그것이 우상숭배인 것조차 모른다는 것입니다.

성도들이 교회에 오는 것은 신학자의 말을 들으러 오는 것이 아닙니다. 모세의 말이나 다윗의 말을 들으러 오는 것도 아닙니다. 하나님의 말씀을 들으러 왔습니다. 그 말씀은 복음이요 생명입니다. 정치, 경제, 사회, 문화에 대해 배우러 오는 것도 아닙니다. 설교가 학문입니까? 설교는 학문으로 되는 것이 아닙니다. 설교는 예수 그리스도의 생명의 복음을 전하는 것이기에 성령의 역사하심과 말씀의 능력이 나타나야 합니다.

한국교회가 다시 서기 위하여 한국교회 강단에 예수 그리스도의 생명의 복음이 회복되어야 합니다. 한국교회 강단의 회복을 위해서는 먼저 신학교가 바로서야 합니다. 우리나라 신학교들이 학문으로서의 신학이 아니라 예수 그리스도의 생명의 복음으로 신학을 가르칠 때 한국교회에 예수 그리스도의 생명이 회복될 것입니다. 신학은 학문이 아닙니다.

신학은 학문이 아닙니다

제1부

신학은 학문이 아닙니다

1
신학의 목적

생명을 살리는 사역자가 되어야 합니다

신학은 무엇을 위한 것입니까? 우리는 왜 신학을 공부합니까? 신학생들 대부분이 하나님의 부르심을 받은 후 하나님의 말씀을 배워서 훌륭한 복음 사역자가 되기로 결단하고 신학교에 입학을 합니다. 하나님의 은혜를 깊이 깨닫고, 예수님의 모습을 닮아가며, 성경을 더욱 깊이 알고자 합니다. 성도들을 인도하기에 부족함이 없는 목회자가 되기 위하여 영적으로 성숙한 모습을 갖추고자 하는 것입니다.

그런데, 오늘날 신학교가 신학생들의 이런 순수한 바람을 얼마나

신학은 학문이 아닙니다

충족시켜 주고 있습니까? 그리스도를 닮고자 하는 사람들의 열망을 제대로 도와주고 있습니까? 신학생들을 예수 그리스도의 생명력 있는 신앙과 신학으로 인도하고 있습니까?

"신학 공부를 하면서 오히려 신앙을 잃어버렸다."

"하나님의 말씀을 배우고, 하나님을 알기 위해 신학교에 왔는데, 기도
할 시간도 성경 읽을 시간도 없다."

신학생들에게서 이런 말을 많이 듣습니다. 학문적으로 신학을 배우기에 바빠서, 하나님께 기도하며 하나님의 말씀을 깊이 묵상하고 예수 그리스도의 모습을 닮아가는 경건 훈련을 소홀히 하기 쉽습니다. 그러다 보니 예수 그리스도의 생명이 나타나지 않습니다.

매 학기 많은 과목의 수업을 들어야 하고, 끊임없이 요구되는 과제물을 작성해야 하고, 학점을 취득하기에 바쁩니다. 학년이 올라갈수록 머리는 점점 커지는데, 정작 가슴은 메말라가고 예수 그리스도의 모습, 예수님의 생명은 점점 사라지는 것입니다.

이것이 오늘날 신학 교육의 문제입니다. 바로 제가 지난 45년간 신학 교육 현장에서 발견한 가장 큰 문제라고 할 수 있습니다.

그래서 저는 '올바른 신학 교육이란 무엇인가?' '신학이 과연 학문

이 될 수 있는가?' '우리는 어떤 자세로 신학을 공부해야 하는가?'와 같은 문제를 중심으로 함께 생각을 해보려고 합니다.

올바른 신학 교육이 무엇인지 알기 위해서는 먼저 신학이 무엇인가를 알아야 합니다. 신학이란 무엇입니까?

신학은 학문이 아닙니다. 저는 신학을 학문이라고 생각해 본 적이 없습니다. 지난 45년간 신학 교육 현장을 지켜보면서 이러한 확신이 분명해졌습니다.

'신학은 학문이 아니다'라는 주장을 처음 한 것은 2003년 10월 한국복음주의신학회 제2차 국제학술대회 폐회예배 설교에서였습니다. 세계 여러 나라에서 온 많은 복음주의 신학자들이 함께하고 있는 자리였습니다. 그 설교 중에 저는 "신학은 학문이 아니다!"라고 선언했습니다. 당시 충격을 받은 신학자들도 많았을 것이며, 어리석은 주장이라고 생각하며 속으로 비웃는 신학자들도 있었을 것입니다.

제가 "신학은 학문이 아니다"라고 선언한 것은 그 얼마 전에 어느 교수로부터 "신학이 발달하고 신학자가 많아질수록, 교회는 점점 쇠퇴하게 된다"라는 말을 듣고 큰 충격을 받았기 때문입니다. 과거에 유럽과 미국의 교회가 얼마나 귀한 사역을 감당했습니까? 137년 전 우리나라에 복음이 처음 전파된 후 다수의 구미 선교사들이 들어오셨는데, 당시 선교사님들의 복음 전파 열정은 매우 뜨거웠습니다. 그런데 지금 유럽의 크고 유명한 교회당들은 성도들이 없어서 관광명소나 음식점으로 전락하였습니다. 신학이 학문으로만 발전하여 그리스도의 생명이 사라졌기 때문입니다. 이론만 무성해진 서구 신학의 나무에 열매가 사라진 것입니다.

그런데 우리는 지금도 그 생명 없는 나무, 그 말라버린 나무를 가져다가 우리 땅에 심으려 하고 있으니, 얼마나 어리석은 일입니까? 그러면 이 땅에서도 그런 나쁜 열매를 맺게 되지 않겠습니까? 교회가 점점 생명력을 잃고 시들어가게 되지 않겠습니까?

신학은 생명을 살리는 복음이 되어야 합니다. 신학은 영혼을 살리고, 교회를 살리고, 세상을 살리는 예수 그리스도의 생명의 복음이 되어야 합니다. 신학은 학문에 그쳐서는 안 됩니다. 신학이 학문에 그친다면, 그 신학으로는 생명을 살릴 수가 없습니다.

도리어 그런 신학은 인간의 자랑거리가 되어 스스로 시험에 들게 하고, 교회의 문을 닫게 할 뿐입니다. 학문에 그치는 신학은 인간에게서 시작해서 인간으로 끝납니다. 그것은 신학이라는 이름을 걸고 있지만, 사람의 학문을 자랑하는 것입니다. 학문을 자랑하는 사람은 복음을 부끄러워하게 됩니다. 그것이 비극입니다. 복음을 부끄러워하는 사람은 생명을 살리지 못하기 때문입니다. 신학은 비록 학문을 사용하지만 복음에서 시작해서 복음으로 끝나야 합니다. 하나님의 말씀으로 시작해서 하나님의 말씀으로 끝나야 합니다.

우리는 자랑스러운 종교개혁자들의 후예입니다. 종교개혁이 왜 일어났습니까? 중세교회가 생명을 살리는 복음을 선포하지 않았기 때문입니다. 중세 때 생명의 말씀이 강단에서 선포되지 않은 것은 신학이 성경보다 전통을 중시하여 사변화에 빠졌기 때문입니다. 종교개혁자들은 이를 극복하고자 다시 성경으로 돌아간 것입니다.

지금 한국교회의 모습도 중세 말 교회 상황과 크게 다르지 않습니다. 신학자와 목회자들이 자신이 전수받은 신학을 성경보다 더 중시하는 잘못을 범하고 있습니다. 복음의 본질에 충실하기보다 지엽적이고 사변적인 논의에 몰두하고 있습니다. 생명을 살리는 일보다 자신의 신학과 전통을 자랑하는 교만에 빠져 있는 것입니다. 하나님 말씀에 순종하기보다 하나님 말씀을 이용해서 자신의 명예와 자리를 지키는데 급급하고 있습니다.

그래서 오늘날 많은 그리스도인들이 다시 성경으로 돌아가야 한다고 외치고 있습니다. 어떻게 해야 성경으로 돌아갈 수 있습니까? 성경을 학문으로만 연구하지 않고 살아 있는 하나님의 말씀으로 받아들여야 합니다. 그 말씀 앞에서 진정으로 회개하고 그 말씀에 순종하는 삶을 진실하게 살아야 합니다.

오늘날 교회가 성경으로 돌아가기 위해서는 먼저 영적 지도자들이 하나님 말씀의 능력을 체험해야 합니다. 종교개혁자 마르틴 루터(Martin Luther, 1483~1546)는 전통을 성경보다 중시하는 중세교회의 잘못된 관행에 맞서 하나님 말씀의 권위를 강조했습니다. 중세교회는 성경보다 인간의 전통을 앞세운 결과, 말씀이 강조하는 하나님의 은혜는 경시하고 구원을 위한 인간의 노력을 강조하는 잘못을 범했습니다. 하지만 루터는 구원이 우리의 노력과 공로로 되는 것이 아님을 발견했습니다. 성전 계단을 무릎으로 기어 올라가고, 금식하고, 가진 것을 모두 교회에 헌금한다고 해도 구원에 이를 수 없음을 깨달은 것입니다. 수도사였던 루터가 얼마나 모질게 고행했던지 수도사 시절을 회고하면서 그런 일을 두 번 다시 겪고 싶지 않다고 할 정도였습니다. 하지만 스스로 갖은 고행을 하며 노력을 해도 자신의 힘으로는 구원 받을 수 없다는 사실을 알게 된 것입니다.

루터는 우리가 구원 받는 길이 우리의 노력과 공로가 아니라 복음의 능력임을 깨달았습니다. "내가 복음을 부끄러워하지 아니하노니 이 복음은 모든 믿는 자에게 구원을 주시는 하나님의 능력이 됨이라. 먼저는 유대인에게요 그리고 헬라인에게로다. 복음에는 하나님의 의가 나타나서 믿음으로 믿음에 이르게 하나니 기록된 바 '오직 의인은 믿음으로 말미암아 살리라'함과 같으니라" (로마서 1장 16-17절).

이 말씀이 루터의 영혼에 빛이 된 것입니다. 복음은 죽은 문자가 아닙니다. 복음은 우리를 구원하시는 하나님의 능력입니다. 하나님의 완전한 계시입니다. 하나님의 살아 있는 말씀이 루터를 종교개혁자로 만든 것입니다. 하나님의 말씀은 살아계신 하나님의 능력, 곧 구원하시는 능력입니다.

감리교의 창시자 존 웨슬리(John Wesley, 1703~1791)도 하나님 말씀의 능력을 일찍이 체험했습니다. 영국 사회가 부패했을 때 그는 옥스퍼드 대학에서 홀리 클럽(Holy Club)을 시작했습니다. 성경을 공부하고 경건 훈련에 힘쓰며, 가난한 이웃을 위해 나눔과 섬김을 실천하는 모임이었습니다. 이 모임을 통해 그는 거룩한 결단을 하게 됩니다. 옥스퍼드에서 연구 교수로 활동하던 그는 하나님을 영화롭게 하겠다는 의지로 선교사의 길을 택하고 미국으로 갔습니다. 그런데 그가 복음을 위해서 그렇게 헌신하고 희생했음에도 아무런 열매가 없었습니다. 기도하며 거룩하게 살려고 애쓰며 공부도 많이 했는데, 선교에 영적 능력이 나타나지 않았습니다. 결국 신경쇠약에 걸려 의기소침해서 영국으로 돌아왔습니다. 아무리 노력해도 열매가 없는 자기 자신에게 크게 실망했습니다.

1738년 어느 날, 웨슬리는 모라비아교도들(Moravians)의 집회에 참석하게 되었습니다. 거기서 어떤 사람이 로마서에 대해 루터가 쓴 서문을 읽는 것을 들었습니다. 그리스도를 믿는 믿음을 통하여 하나님께서 마음에 변화를 일으키신다는 내용을 들을 때 웨슬리의 마음이 뜨거워졌습니다. 구원을 위해 자신이 오직 그리스도만 신뢰함을 절감했고, 그리스도께서 웨슬리 자신의 죄를 제거하심으로 자신을 죄와 사망의 법에서 구원하셨다는 확신이 들었습니다. 이 체험을 한 후 그가 머리로만 알던 로마서의 말씀들이 이제는 강력한 능력으로 그의 삶을 사로잡기 시작했습니다.

우리가 성경으로 돌아간다는 것은 하나님의 말씀이 우리 머릿속에만 있지 않고, 가슴과 무릎으로 내려와 우리가 그 말씀에 강력하게 사로잡히는 것입니다. 그래서 성경 말씀이 우리를 개혁하는 것입니다. 하나님 말씀의 능력이 우리에게 나타나 부패한 우리 자신과 교회 그리고 사회를 변화시키는 놀라운 역사를 일으키는 것입니다.

신학은 학문이 아닙니다. 학문은 성경이 우리에게 하나님의 말씀으로 드러나게 하는 수단일 뿐입니다. 학문은 성경이 영적 생명을 살리는 하나님의 말씀으로 역사할 수 있도록 돕는 수단일 뿐입니다. 학문이 구원을 줄 수 없습니다. 구원은 오직 하나님의 말씀으로만 이루어집니다.

신학이 단지 학문으로만 전락한 오늘날 한국교회 현실은 참으로 큰 문제입니다. 그런데 교회의 문제는 근본적으로 목회자의 문제입니다. 목회자의 문제는 신학교의 문제이고, 신학교의 문제는 운영자인 저를 비롯한 신학자의 문제이며, 신학자의 문제는 곧 신학의 문제입니다. 우리가 바른 신학을 하고, 바른 신학자가 되고, 바른 신학 교육을 해야만, 신학생들이 생명력 있는 목회자들이 되어 교회를 바르게 섬길 수 있습니다.

오늘날 신학교도 많고, 신학 교육도 나름대로 열심히 하고 있습니다. 하지만 신학교 졸업생들 중에서 순수하게 복음 사역에 헌신하고자 교회 개척에 뛰어드는 숫자는 극히 미미합니다. 신학 교육은 열심히 하는데, 목회 현장에서 생명의 역사를 위해 헌신할 졸업생들은 배출하지 못한다면, 그런 신학 교육이 무슨 소용이 있습니까?

신학의 목적이 무엇입니까? 생명을 살리는 사역입니다. 생명을 살리는 사역 이외에 다른 무엇일 수 없습니다. 우리가 신학을 가르치고 배우는 것은, 생명을 살리고, 교회를 살리고, 세상을 살려서, 오직 하나님께 영광을 돌리기 위한 것이어야 합니다.

우리는 이 사실을 결코 잊지 말아야 합니다. 신학 교육은 이론적인 지식을 가르치고 배우는 수준에 머물러서는 안 됩니다. 생명력 있는 하나님의 말씀을 전하여 생명의 역사를 이룰 수 있는 사역자들을 배출해야 합니다. 신학생들은 생명의 역사를 일으킬 수 있는 신학, 곧 예수 그리스도의 생명의 복음을 배워야만 합니다.

2

신학의 본질

신학은 학문이 아니라 예수 그리스도의 생명의 복음입니다

저는 신학은 학문이 아니라고 누누이 강조해왔습니다. 신학이 왜 학문이 아닙니까? 물론 신학도 일종의 학문이라고 할 수 있습니다. 하나님에 대한 지식을 체계적으로 정리해서, 그것을 잘 알아듣게 가르쳐야 하기에, 신학은 하나의 지식이요, 학문일 수 있습니다. 그러나 신학은 학문으로만 끝나면 안 됩니다. 이런 의미에서 신학은 학문이 아닙니다. 신학은 학문적인 방법을 사용하지만, 학문으로만 끝나서는 절대로 안 됩니다.

일반적으로 우리는 학문이 인간 이성의 활동이라고 생각합니다.

학문은 어떤 대상을 알기 위해서 그것을 조사하고 분석하고 비판하고 평가하고 논리적으로 체계화합니다. 학문으로서의 신학은 하나님을 학문의 대상으로 삼습니다. 그런데 어떻게 창조주 하나님이 피조물인 인간의 학문의 대상이 될 수 있습니까? 어떻게 타락한 우리 인간이 이성을 기준으로 거룩한 영이신 하나님을 분석하고 평가하여 이런 저런 하나님이라고 말할 수 있습니까? 하나님을 아는 것은 오직 하나님이 성령을 통하여 스스로를 계시하실 때만 가능합니다. 그런 의미에서 '하나님을 아는 지식'인 신학은 학문이 아닙니다.

신학을 학문으로 여기기 시작한 것은 중세의 대학설립과 관련이 깊습니다. 대학을 '학문의 전당'이라고 말하는 것을 들어보셨을 것입니다. 12세기와 13세기에 유럽의 대학들이 본격적으로 설립되고 발전되었습니다. 이즈음에 신학이 대학에서 연구하는 학문의 한 분야가 되었습니다. 당시 아리스토텔레스(Aristoteles, 주전 384-322)의 철학이 대학에 새롭게 소개되면서 학문 방법론으로 큰 인기를 얻게 되었고, 자연스럽게 신학도 아리스토텔레스 철학의 방법론을 사용하게 된 것입니다. 일반 학문의 방법론을 신학에 그대로 적용하면서 신학이 성경보다 학자들의 이론에 더 큰 관심을 갖게 되었습니다.

『신학대전』(Summa Theologica)의 저자요, 중세신학을 대표하는 토마스 아퀴나스(Thomas Aquinas, 1225경-1274)는 성경의 권위를 인정했습니다. 성경 자체로 하나님의 진리를 이해하는데 충분하다고 생각했습니다. 하지만 토마스 아퀴나스를 비롯한 중세 스콜라신학자들은 신학을 체계화하기 위해서 성경을 철학적으로 분석했습니다. 그리고 성경이 말씀하고 있는 내용을 삶에 전반적으로 적용하여 변증하면서 철학적인 설명을 많이 덧붙였습니다. 그러다 보니 하나님의 완전한 계시인 성경 말씀을 벗어나 학자들의 이론이 중심이 되면서 신학이 사변화되었습니다.

이렇게 사변화된 신학에 대해서 반성하고, 성경으로 돌아가야 한다고 외친 것이 종교개혁입니다. 종교개혁자들은 학문의 개념과 방법을 사용하여 신학을 체계화하는 과정에서 사변적이고 추상적인 신학이 나타난 것에 대해 반발했습니다. 다양한 학문적 논의를 하다가 살아 계신 하나님을 잃어버렸기 때문입니다. 그래서 종교개혁자 요한 칼빈(John Calvin, 1509-1564)은 의도적으로 신학이라는 말을 사용하지 않았습니다. 칼빈은 참된 신학을 "구원 교리와 경건에 대한 가르침"으로 표현했습니다. 그에게 하나님은 학문적 대상이 아니라 우리와 인격적으로 교제하시는 살아 계신 하나님이시기 때문입니다.

하나님의 말씀인 성경을 어떻게 대하는지에 따라서 신학의 결과는 완전히 달라집니다. 성경을 하나님의 완전한 계시로 믿고 순종할 것인지, 아니면 인간의 기준으로 분석하고 판단할 것인지 결단해야 할 것입니다. 성경이 계시하는 대로 하나님을 알고 고백하는 것이 신학의 올바른 방법입니다.

신학은 원래 학문이 아니었습니다. 지금 우리가 신학을 학문으로 이해하게 된 것은 '신학'이라는 용어가 형성되는 과정에서 생긴 일입니다. 신학이라는 용어는 원래 '신화 연구'를 가리키는 말이었습니다.

신학이라는 말을 처음 사용한 사람은 고대 헬라의 철학자 플라톤(Platon, 주전 427경-347경)이었습니다. 신학(theology)이라는 말은 헬라어로 '테올로기아'(θεολογία)입니다. 이 말은 '신'을 뜻하는 '테오스'(θεός)와 '말'을 뜻하는 '로고스'(λόγος)가 합해진 것입니다.

플라톤의 『국가』(The Republic)는 10권으로 이루어진 한 권의 책입니다. 플라톤은 '테올로기아'라는 용어를 '신화,' 즉 '신들에 관한 이야기'라는 의미로 『국가』 2권의 379a 부분에서 한 번 사용했습니다. 이때가 주전 380년경입니다. '테올로기아'는 생명의 복음이신 예수 그리스도가 이 땅에 오시기 전에 이교도들에 의해서 이미 만들어진 용어인 것입니다. 물론 플라톤이 말하는 '테올로기아'는 예수 그리스도와는 전혀 상관이 없는 것이었습니다.

플라톤의 용법에 따르면, '신학'이라는 용어는 당시 그리스 사람들의 입에 오르내리던 신들에 관한 이야기인 '신화'를 가리키는 말이었습니다. 제우스(Zeus)와 헤르메스(Hermes), 아르테미스(Artemis)를 포함한 많은 이방신들에 대한 연구를 가리키는 말이었던 것입니다.

플라톤은 그의 스승인 철학자 소크라테스(Socrates, 주전 470경-399)와 마찬가지로 그리스의 아테네에서 태어났습니다. 소크라테스와 플라톤은 아테네에서 주로 활동하였는데, 당시 아테네에는 수많은 신전이 있었습니다. 그리스 신화에 등장하는 신들의 신전이었습니다. 플라톤은 그런 수많은 신들에 관한 이야기를 '테올로기아'라고 부른 것입니다. 신화는 세상이 어떻게 시작되었는지 설명하기 위해 사람들이 만들어낸 이야기입니다. 신화에는 당시의 상식으로 이해할 수 없는 세계의 문제들을 설명하기 위해 신들과 영웅들이 등장합니다. 우리가 잘 아는 것처럼 이 신들은 인간이 만들어낸 신이지 실제로 존재하는 신이 아닙니다. 신화 속 신들은 사람과 똑같은데 죽지는 않는 존재입니다. 하지만 아무리 복잡한 족보를 만들고, 신들의 등급을 나누어서 실제로 존재하는 것처럼 묘사한다 할지라도 '신화'는 그저 허구일 뿐입니다. 『황금가지』(The Golden Bough)라는 유명한 책을 쓴 세계적인 신화학자 제임스 프레이저(James G. Frazer, 1854-1941)는 신화를 '잘못된 세계설명'이라고 말합니다. 가령 "왜 천둥과 번개가 치는가?"에 대한 답으로 "제우스가 그것을 보내기 때문이다"라는 식의 답을 주는 것이 신화입니다. 프레이저에 따르면, 오늘날 과학이 하고 있는 일, 예를 들어, 자연 현상을 설명하는 일을 예전에는 신화가 했는데, 과학적 관점에서 볼 때 신화의 설명은 그릇된 것들이었습니다.

플라톤은 오늘날 신학으로 번역되고 있는 '테올로기아'가 학문이 아니라 학문보다 열등한 신화에 불과하다고 말했습니다. 플라톤은 세계를 설명하기 위해서 '신화'를 사용하는 것을 부정적으로 보았습니다. 또한 교육에 악영향을 줄 수 있는 부도덕한 신화들은 제거하였습니다. 그러면서도 학문적으로 설명할 수 없는 부분들에 대해서는 신화를 통해서 설명하려고 했습니다. 플라톤은 도덕적인 필요에 의해 신화를 만들어내기도 하였습니다. 신화가 지어낸 이야기라는 사실을 인정하면서도(벧후 1:16 참조), 도덕 교육을 위해서는 일반 사람들은 신화가 꾸며낸 이야기라는 사실을 몰라야 한다고 『국가』 3권의 414b 부분에서 말하고 있습니다.

플라톤이 '신학'의 대상으로 삼은 그리스 신화는 많은 예술작품에 영향을 주었으며 철학자들을 포함한 여러 학자들의 사상에 큰 영향을 끼쳤습니다. 신화는 처음 만들어진 때부터 지금까지 지속적으로 재생되고 재해석되면서 예술의 주제에서 과학 기술 용어에 이르기까지 서양문화 전반에 큰 영향을 미쳤습니다.

그러나 기독교는 이런 신화의 영향을 받지 않고 복음을 전하기 위해서 초대 교회부터 오직 성경만을 강조해 왔습니다. 신학이 완전한 계시인 성경에 기초해야 하는 이유가 바로 여기에 있습니다.

신학은 하나님을 단지 머리로 개념적으로만 이해하는 것이 아니라, 하나님의 성품을 닮고, 하나님의 뜻을 이루기 위해 자신의 것을 내려놓는 것입니다. 자기 자신에게서나 다른 사람에게서 배우는 것이 아닙니다. 하나님께로부터 배울 때 하나님을 알 수 있습니다. 인간이 연구해서 하나님을 찾아갈 수 있는 것이 아니라 하나님께서 우리를 찾아오실 때 하나님을 알 수 있습니다. 그래서 하나님을 아는 지식은 하나님의 완전한 계시인 성경을 성령께서 깨닫게 하실 때만 가능한 것입니다.

성경은 신화를 아주 강하게 경계합니다. 디모데전서 4장 7절에 "망령되고 허탄한 신화를 버리고 경건에 이르도록 네 자신을 연단하라"라고 말씀하셨습니다. '신화'는 단순히 지어낸 이야기에 그치는 것이 아니라, 우리의 생각을 망령되고 허탄하게 만들어서 경건한 삶을 살지 못하게 하는 것입니다.

그런데 이처럼 저속한 신화라는 의미의 '테올로기아'를 '독자적이고 체계적인 학문'이라는 의미로 격상하여 사용한 사람이 있습니다. 바로 플라톤의 제자 아리스토텔레스입니다. 아리스토텔레스가 말하는 학문은 변화하는 이 세상의 원리와 원인을 탐구하는 것이었습니다.

아리스토텔레스는 세상의 모든 원리와 원인을 이론적으로 증명하고, 그것을 학문적으로 완성시키려고 하였습니다. 세상을 설명할 때 이전에는 '신화적 방식'을 사용했다면, 아리스토텔레스는 원리와 원인을 '학문적 방식'으로 밝히려고 한 것입니다.

학문을 할 때 플라톤과 아리스토텔레스 둘 다 최종적 권위를 이성에 두었지만, 즐겨 사용하는 논증방법은 달랐습니다. 플라톤은 명백한 전제를 근거로 세상의 질서와 법칙을 연역적으로 드러내려 한 반면에, 아리스토텔레스는 현상의 경험에서 세상의 질서와 법칙을 귀납적으로 드러내고자 했습니다. 아리스토텔레스는 경험되고 축적된 내용을 통해 원리와 원인에 대해 탐구하면 진리에 이를 수 있다고 보았습니다.

이처럼 철학은 인간의 이성과 경험을 통해서 세계를 설명할 수 있다고 생각합니다. 물론 철학자들도 '신'에 대해서 말하고, '신학'을 말합니다. 하지만 철학이 말하는 '신학'은 인격적이고 살아계신 영이신 하나님께서 계시한 성경을 토대로 하는 신학과는 전혀 다른 것입니다.

아리스토텔레스가 말하는 신학은 '신에 관한 연구'가 아니라 '우주의 근본 원리'를 탐구하는 것이었습니다. 당시 모든 학문은 곧 철학이었습니다. 아리스토텔레스는 학문을 세 분과로 나누었습니다. 이론학, 실천학과 제작학입니다. 이론학은 올바른 지식을 추구하고, 실천학은 올바른 행위를 추구하고, 제작학은 비례, 균형, 조화의 형식미를 갖춘 유용성을 추구합니다. 모든 학문이 추구하는 방향은 '진선미'를 포함하는 것이었습니다. 학문은 진리(眞)를 다루는 이론학, 선(善)을 다루는 실천학, 미(美)를 다루는 제작학으로 나누어 질 수 있는데, 진리를 다루는 최고의 학문인 이론학 가운데 최고의 자리에 신학을 놓았습니다.

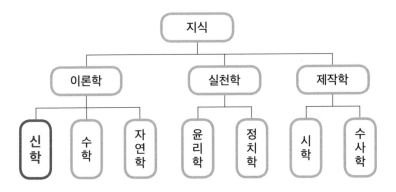

[아리스토텔레스의 학문분류]

아리스토텔레스가 말하는 '신학'은 우주의 근본 원리를 탐구하는 '제1철학'입니다. 제1철학으로서의 '신학'은 학문이지 성경 중심의 신학과는 전혀 다른 것입니다. 결과적으로, 아리스토텔레스가 말하는 '신학'은 학문으로서의 철학이지, 계시에 기초한 성경 중심의 신학이 아닌 것입니다.

신학자들 가운데 자신이 신화를 연구하듯 신학을 연구하고 가르친다고 생각하는 이들은 없을 것입니다. 그런데 '신학'의 어원을 찾고, 그 발전 과정을 살피다보니 스스로도 알지 못하는 사이에 철학적인 연구 방법으로만 신학을 공부하고 가르치는 사람들이 있다는 것을 알게 되었습니다.

철학적인 방법으로 일반 학문을 연구하듯이 신학을 연구할 수는 없습니다. 그런데 문제는 일반학문의 대표적인 연구 방법인 아리스토텔레스의 학문 방법을 신학에도 그대로 사용하고 있다는 것입니다.

아리스토텔레스의 학문 연구 방법으로는 우리가 하는 신학을 할 수 없습니다. 학문적 방법으로 연구한다는 것은 이성을 사용하여 세상과 질서에 대해서 탐구하는 것입니다. 그러나 이런 학문 방법으로는 보지 못하는 것들에 대해서는 탐구할 수 없습니다(히 11:1). 세상을 창조하신 창조주 하나님을 연구할 수 없습니다. 성경공부를 할 때, 당시의 시대 상황과 배경, 정치, 경제, 문화를 연구하는 것은 학문으로 가능하지만, 영이신 하나님을 믿고 구원을 받는 영생의 신학, 완전한 계시의 말씀에 순종하는 신학은 학문으로 할 수 없습니다.

"그들의 우상들은 은과 금이요 사람이 손으로 만든 것이라. 입이 있어도 말하지 못하며 눈이 있어도 보지 못하며 귀가 있어도 듣지 못하며 코가 있어도 냄새 맡지 못하며 손이 있어도 만지지 못하며 발이 있어도 걷지 못하며 목구멍이 있어도 작은 소리조차 내지 못하느니라"(시편 115편 4-7절).

아리스토텔레스가 말하는 신학이 바로 이런 비인격적 존재를 연구하는 학문인 것입니다. 헬라인들은 창조 세계의 모든 분야를 신격화하여 신들로 만들어 섬겼습니다. 헬라의 신들은 예술과 의학, 과학과 음악 등을 각각 담당하였고, 헬라인들은 그 신들에 관한 이야기인 신화를 통해 그 분야를 파악하고 이해하려 했습니다.

그리스 신화에는 '상업의 신,' '의학의 신,' '음악의 신'도 있습니다. 헬라 철학자들은 그러한 신들에게서 인격적인 요소를 제거하고자 하였습니다. 그래서 '상업의 신'은 상업의 원리가, '의학의 신'은 의학의 원리가, '음악의 신'은 음악의 원리가 되었습니다.

지금 음악이나 경제학, 의학을 공부하는 사람들 가운데 자신이 하고 있는 학문연구가 원래 세상을 신화로 설명하던 방식을 학문이라는 새로운 관점으로 연구한 것임을 아는 분들은 많지 않을 것입니다. 심리학, 과학, 의학, 예술 분야는 신화적으로 설명하기보다는 학문적인 방법으로 설명하는 것이 더 합리적입니다. 그것은 이성적으로 충분히 탐구할 수 있는 영역이기 때문입니다. 그러나 신학은 우리의 이성을 초월하는 영이신 하나님을 아는 지식입니다. 이러한 신학은 하나님과 인격적인 교제 없이 합리적인 차원에서 연구하는 것으로 끝나면 안 됩니다. 거기에는 생명도 구원도 없습니다.

참된 신학은 성경을 상고하고 기도하면서 하나님의 뜻을 영적으로 깨닫고, 하나님의 뜻에 순종함으로 하나님과 사귐을 갖는 것입니다. 이러한 사귐을 통해 하나님을 더 깊이 알아가는 것은 그리스도의 생명을 통해서만 가능합니다. 참된 신학은 하나님과 사귐을 통해 생명이 되시는 예수 그리스도를 만나는 것입니다. 그래서 신학은 학문이 아닙니다.

신학을 학문으로 하는 사람들은 하나님을 인격적으로 만나지 못해서 자신이 얼마나 큰 잘못을 저지르고 있는지 모르는 것 같습니다. 학문을 가르치는 것만을 사명으로 생각하는 많은 신학자들을 볼 때 매우 안타깝습니다. 하나님과 교제가 없어 하나님을 알지 못하니 성령 충만 없이 죽은 율법 조문과 이론으로만 하나님을 연구하고, 그렇게 하나님을 학문의 대상으로만 여기다 보니 하나님과 진정한 만남은 이루어지지 않는 악순환이 반복되는 것입니다.

하나님은 지혜로우시며(시 104:24; 147:5), 전능하시며(창 17:1), 거룩하시며(사 6:3, 벧전 1:15-16), 공의로우시며(사 5:16), 인자하시며(시 86:5), 진실하신(출 34:6) 하나님이십니다.

이런 모든 점에 있어서 무한하시며(욥 36:26), 영원하시며(시 90:2), 불변하시는(약 1:17), 영이신(요 4:24) 하나님이십니다.

이런 살아계신 하나님을 인간의 학문에 가두어 둘 수는 없습니다. 창조주 하나님은 피조물인 우리 인간의 논리나 학문에 갇혀 계실 분이 아닙니다. 우리가 믿는 삼위일체 하나님은 학문의 대상이 될 수 없습니다. 그런데 예수 그리스도의 생명이 없는 사람은 신학을 학문으로만 연구합니다.

"누가 철학과 헛된 속임수로 너희를 사로잡을까 주의하라. 이것은 사람의 전통과 세상의 초등학문을 따름이요 그리스도를 따름이 아니니라"(골로새서 2장 8절).

당시에 도덕 교육을 위해서 만들어낸 가상의 이야기가 바로 초등

학문입니다. 아무리 논리적이고 체계적으로 사람들을 잘 가르친다고
해도 그리스도를 따르는 것이 아니면 그것은 잘못된 철학과 헛된 속
임수일 뿐입니다. 자신의 학문이 우상이 된 것입니다.

"우상들을 만드는 자들과 그것을 의지하는 자들이 다 그와 같으리
로다"(시편 115편 8절).

우상을 만들고 우상에게 의지하는 사람은 참된 구원과 도움을 얻
을 수 없습니다.

"너는 나 외에는 다른 신들을 네게 두지 말라"(출애굽기 20장 3절).

우상은 우리에게 아무런 영향을 끼칠 수 없기 때문입니다.

"이스라엘아 여호와를 의지하라. 그는 너희의 도움이시요 너희의
방패시로다"(시편 115편 9절).

우리가 의지해야 하는 하나님은 영이신 여호와 하나님이십니다.
그런데 오늘날 신학자들은 영이신 하나님보다 헛된 철학과 학문을 더
의지하고 있습니다. 그러면서도 자신의 학문을 우상처럼 숭배하고 있
다는 것 자체를 깨닫지 못하는 것이 참으로 안타깝습니다. 그래서 제
가 "신학은 학문이 아니라, 예수 그리스도의 생명의 복음"이라고 선
포한 것입니다.

인격적인 하나님은 학문에 갇혀 계시는 분이 아닙니다. 신학은 예수 그리스도의 살아있는 말씀이요, 생명의 복음이 되어야 합니다. 하나님의 유일하고 완전한 계시인 성경에 나타난 하나님은 우리에게 찾아오셔서 말씀하시는 분입니다. 무엇보다 하나님은 세상을 말씀으로 창조하신 분입니다. 그러므로 하나님께서 말씀하시는 계시에 의존하여 예수 그리스도를 따르는 신학이 참된 신학입니다.

"태초에 말씀이 계시니라. 이 말씀이 하나님과 함께 계셨으니, 이 말씀은 곧 하나님이시니라. 그가 태초에 하나님과 함께 계셨고, 만물이 그로 말미암아 지은 바 되었으니, 지은 것이 하나도 그가 없이는 된 것이 없느니라. 그 안에 생명이 있었으니, 이 생명은 사람들의 빛이라"(요한복음 1장 1-4절).

"말씀이 육신이 되어 우리 가운데 거하시매 우리가 그의 영광을 보니 아버지의 독생자의 영광이요 은혜와 진리가 충만하더라"(요한복음 1장 14절).

"미쁘다 모든 사람이 받을 만한 이 말이여. 그리스도 예수께서 죄인을 구원하시려고 세상에 임하셨다 하였도다. 죄인 중에 내가 괴수니라. 그러나 내가 긍휼을 입은 까닭은 예수 그리스도께서 내게 먼저 일체 오래 참으심을 보이사 후에 주를 믿어 영생 얻는 자들에게 본이 되게 하려 하심이라. 영원하신 왕 곧 썩지 아니하고 보이지 아니하고 홀로 하나이신 하나님께 존귀와 영광이 영원무궁하도록 있을지어다.

아멘"(디모데전서 1장 15-17절).

"옛적에 선지자들을 통하여 여러 부분과 여러 모양으로 우리 조상들에게 말씀하신 하나님이 이 모든 날 마지막에는 아들을 통하여 우리에게 말씀하셨으니 이 아들을 만유의 상속자로 세우시고 또 그로 말미암아 모든 세계를 지으셨느니라. 이는 하나님의 영광의 광채시요 그 본체의 형상이시라. 그의 능력의 말씀으로 만물을 붙드시며 죄를 정결하게 하는 일을 하시고 높은 곳에 계신 지극히 크신 이의 우편에 앉으셨느니라"(히브리서 1장 1-3절).

우리 하나님은 모든 것을 초월하시는 전능하신 창조주이시면서, 연약한 우리를 찾아오셔서 말씀하시고 우리에게 능력을 주시는 인격적인 하나님이십니다.

"모든 성경은 하나님의 감동으로 된 것으로 교훈과 책망과 바르게 함과 의로 교육하기에 유익하니"(디모데후서 3장 16절).

"예언은 언제든지 사람의 뜻으로 낸 것이 아니요 오직 성령의 감동하심을 받은 사람들이 하나님께 받아 말한 것임이라"(베드로후서 1장 21절).

성경은 사람이 하나님께 받아 기록한 하나님의 말씀입니다. 성령의 영감을 받은 사람들이 하나님께서 우리에게 하신 말씀을 받아 기록한 것이 성경 66권입니다. 이 사실을 믿어야 하나님의 능력이 나타납니다.

참된 신학은 성경에 나타난 하나님과 하나님의 뜻을 아는 것입니다. 성령의 영감으로 기록된 계시의 말씀인 성경에 나타난 하나님의 뜻을 알기 위해서는 성령님의 도우심을 받아야 합니다. 그래서 신학은 학문이 아닙니다.

'신학'이란 말은 '하나님께서 말씀하신다'와 '하나님에 대해 말한다'라는 두 가지 의미로 해석이 가능합니다. '하나님께서 말씀하신다'라는 의미로 신학을 하게 되면, 신학의 주체가 하나님이 되어 신학은 영적인 지식이 됩니다. 하지만 '하나님에 대해 말한다'라는 의미로 신학을 하게 되면, 신학의 주체가 인간이 되고, 신학은 학문적인 지식으로 끝납니다.

참된 신학은 하나님께서 말씀하시는 계시에 의존하여 하나님의 뜻에 순종하는 신학입니다. 인간들이 하나님을 어떤 존재라고 정의하거나 연구할 필요 없이, 이미 드러난 계시를 통해서 하나님을 인격적으로 만나면 됩니다. 하나님의 계시인 성경에 기초하지 않는 신학 연구나, 성경에 기초하더라도 성령의 인도하심을 받지 않는 신학 연구는 철학자들이 추상적인 원리를 찾아 신을 연구하는 것과 같습니다. 그러나 우리 하나님은 인간의 유한한 이성이나 학문적 방식으로 알 수 있는 분이 아닙니다. 하나님은 살아 계시고 인격적인 창조주 하나님이시기 때문입니다.

그런데 살아 계시며 인격적인 하나님을 아리스토텔레스와 같이 학문적으로 연구하려는 사람들이 교회 안에도 있습니다. 신학을 이렇게 학문으로 접근하는 사람은 '신학'이라는 용어를 '하나님에 대해 말한다'라는 의미로 사용합니다. 그 경우 신학의 주체는 인간이고, 신학의 연구대상은 하나님이며, 신학의 방법은 인간의 이성과 경험일 것입니다. 이와 달리 우리는 '테올로기아'를 '하나님께서 말씀하신다'라는 뜻으로 사용해야 합니다. 유한한 피조물인 인간이 무한하시고 완전하신 창조주 하나님을 연구대상으로 삼는 것 자체가 옳지 않기 때문입니다.

로마서 11장 33절은 "깊도다 하나님의 지혜와 지식의 풍성함이여, 그의 판단은 헤아리지 못할 것이며 그의 길은 찾지 못할 것이로다"라고 말씀하셨습니다. 하나님의 판단은 우리가 도저히 헤아릴 수 없습니다. 하나님의 지혜와 지식은 너무나도 풍성하기 때문입니다. 고린도전서 2장 9절은 "기록된 바 하나님이 자기를 사랑하는 자들을 위하여 예비하신 모든 것은 눈으로 보지 못하고 귀로 듣지 못하고 사람의 마음으로 생각하지도 못하였다 함과 같으니라"라고 말씀하셨습니다. 하나님께서 계획하시고 행하시는 길은 우리 인간의 능력으로는 도저히 찾을 수 없습니다. 우리는 하나님이 자신을 계시하실 때만 하나님을 알 수 있습니다. 우리는 진리를 찾지만, 진리는 우리 스스로 찾을 수 있는 것이 아닙니다. 진리는 우리에게 찾아오시는 것입니다. 우리는 진리이신 하나님을 만나야 합니다.

그런데 진리를 찾던 사람들이 하나님을 만나지 못하면, 그냥 포기하지 않고, 하나님 대신 온갖 잡신들을 하나님인양 섬깁니다. 이것이 바로 우상숭배이고, 디모데전서 4장 7절에서 말하는 '허탄한 신화'에 빠지게 되는 것입니다. 우리도 하나님의 음성에 귀 기울이기보다 하나님을 우리 방식대로 찾으려 하다가는 자칫 허탄한 신화에 빠질 수 있습니다. 신학이 학문이 되고 사변화되는 이유도 이와 동일합니다.

디모데전서 6장 20절은 "디모데야, 망령되고 헛된 말과 거짓된 지식의 반론을 피함으로 네게 부탁한 것을 지키라"라고 말씀하셨습니다. 하나님께서 부탁하신 것이 무엇입니까? 12절을 보면 하나님께서는 "믿음의 선한 싸움을 싸우라, 영생을 취하라"라고 하시고, 17절에는 이 세상의 "재물에 소망을 두지 말라"라고 하십니다. 18절에는 "나누어 주기를 좋아하며 너그러운 자가 되게 하라"라고 하시고, 19절에는 "장래에 자기를 위하여 좋은 터를 쌓아 참된 생명을 취하라"라고 하십니다. 하나님의 이러한 부탁을 지키기 위해서는 망령되고 헛된 말과 거짓된 지식의 변론을 피해야 합니다. 신학을 학문으로 만들어, 무한하신 창조주 하나님을 쪼개고 나누어 자신의 틀에 가두어서는 안 됩니다. 그러한 일은 망령되고 헛된 일입니다. 그러한 일을 피해야 합니다.

성경 66권은 성령의 감동으로 기록된 계시의 말씀입니다. 계시의 말씀을 학문화시켜 하나님을 자기 지식 안에 가두고 하나님을 학문으로 정의해서는 안 됩니다. 신학은 학문이 아니라 예수 그리스도의 생명의 복음입니다. 하나님은 스스로 계신 하나님이자 창조주 하나님이시며, 동시에 영생을 주시는 하나님이십니다. 신학을 학문으로 하는 사람의 말은 받아들이지 말고, 하나님을 지식으로 논하는 반론은 무시해야 합니다. 그런 사람의 말에 일일이 대답할 필요가 없습니다. 우리는 하나님께서 우리에게 부탁하신 바를 잘 지키면 됩니다.

하나님의 말씀은 우리가 찾아가는 것이 아닙니다. 하나님께서 우리를 찾아오시고 계시하신 것을 받아들여야 합니다. 그래서 신학은 하나님께서 인간에게 하시는 말씀이며, 신학의 주체는 하나님이십니다.

신학의 방법도 인간의 이성이나 경험에 있는 것이 아니라, 하나님 말씀에 믿음으로 순종하고, 그것을 가능케 하시는 성령의 인도를 따르는데 있어야 합니다. 신학 공부를 하면 할수록, 하나님 말씀을 묵상하면 할수록, 신학이 무엇인지 잘 모르겠다고 고백하게 됩니다. 그래서 "깊도다 하나님의 지혜와 지식의 풍성함이여, 그의 판단은 헤아리지 못할 것이며 그의 길은 찾지 못할 것이로다"(롬 11:33)라고 고백하는 것입니다.

참된 신학을 하는 사람은 무한하신 창조주 하나님 앞에서 자신의 부족함을 깨닫고 겸손해야 합니다. 우리는 신학을 학문으로 여겨 진리를 다 아는 것처럼 교만해서는 안 됩니다. '신학'은 '하나님에 대한 우리의 말'이 아니라 '하나님께서 우리에게 하시는 말씀'임을 믿어야 합니다.

하나님의 말씀을 성령의 인도 아래 연구하는 신학은, 하나님을 연구 대상으로 삼아 논리적으로 입증하는 학문일 수 없습니다. 피조물인 우리들은 하나님이 누구이시며, 우리를 위해 무슨 일을 행하시는지를 깨닫고, 감사하고 순종하는 삶을 살기 위해 말씀을 연구해야 합니다. 말씀을 깨닫게 하시는 성령의 도우심 없이 참된 신학은 불가능합니다.

"우리가 세상의 영을 받지 아니하고 오직 하나님으로부터 온 영을 받았으니 이는 우리로 하여금 하나님께서 우리에게 은혜로 주신 것들을 알게 하려 하심이라. 우리가 이것을 말하거니와 사람의 지혜가 가르친 말로 아니하고 오직 성령께서 가르치신 것으로 하니 영적인 일은 영적인 것으로 분별하느니라"(고린도전서 2장 12-13절). 오직 성령께서 가르쳐 주셔야 영적인 것을 분별할 수 있습니다. 이 세상의 지혜가 아니라 성령의 도우심을 받아야 말씀을 깨달을 수 있습니다. 성경의 저자이신 성령의 조명하심을 간구하며, 하나님의 세미한 음성을 듣기 위해 겸손히 무릎 꿇고 기도해야 합니다.

저도 신학을 배웠지만, 저는 신학을 학문이라고 생각해 본 적이 한 번도 없습니다. 신학이 왜 학문이 아닙니까? 신학은 하나님을 아는 것입니다. 그런데 우리는 하나님의 말씀을 통해서 하나님을 경험하고 체험하여 아는 것입니다. 무한하신 하나님의 말씀을 유한한 인간의 머리로 어떻게 알 수 있습니까? 하나님의 말씀과 하나님의 뜻은 오로지 하나님께서 우리에게 찾아 오셔서 알려주실 때에만 알 수 있습니다. 하나님께서 자신을 우리 수준에 맞추어서 알려주셔야만 우리가 하나님을 알 수 있게 됩니다. 창조주 하나님께서 피조물인 우리 가운데 하나님의 뜻을 계시하실 때에만 우리는 하나님을 알 수 있습니다. 우리는 하나님께서 알려주시는 만큼만 하나님과 하나님의 뜻을 알 수 있는 것입니다.

그래서 하나님의 말씀은 우리의 머리로만 듣는 것이 아니라, 우리의 심령으로, 우리의 온 마음과 인격을 다해서 받아들이는 것입니다. 우리의 힘과 노력으로는 하나님을 알 수 없음을 고백하고, 창조주 하나님께서 우리에게 알려주신 계시를 믿음으로 받아들이며, 그 계시 안에서 하나님의 뜻에 겸손히 순종해야 합니다.

요한복음 17장 3절은 "영생은 곧 유일하신 참 하나님과 그가 보내신 자 예수 그리스도를 아는 것이니이다"라고 말씀하셨습니다. 하나님을 아는 것이 신학입니다. 신학은 하나님을 아는 것이며 예수 그리스도를 구주로 고백하는 것입니다. 그런데 하나님을 아는 것은 곧 영원한 생명을 얻는 것입니다. 하나님을 아는 것이 우리로 하여금 영생을 얻게 하고, 그 영생을 누리며 살게 합니다.

또 예수님께서는 이렇게 말씀하셨습니다.

"내가 온 것은 양으로 생명을 얻게 하고, 더 풍성히 얻게 하려는 것이라"(요한복음 10장 10절).

신학은 그리스도인으로 하여금 하나님을 알게 해서, 영적인 생명을 그의 심령 가운데 더욱 풍성하게 하는 것이어야 합니다. 영적으로 풍성한 열매를 맺어야 하는 것입니다. 그런데 신학이 많이 발전할수록 교회가 문을 닫고, 신학생들이 교회 개척을 하지 못하며, 신학교나 교회가 시기와 분쟁과 다툼에 휘말린다면, 그런 신학을 어떻게 참된 신학이라고 할 수 있겠습니까?

어떤 신학자가 비록 뛰어난 학식으로 업적을 세워 세상의 존경을 받는다고 하더라도 예수 그리스도의 생명이 그의 심령 속에 없다면, 그 사람은 진정한 신학자가 아니라고 저는 생각합니다. 강의를 잘 해서 학생들에게 인기를 얻을 수는 있지만, 자신 안에 예수 그리스도의 생명이 없고 예수 그리스도의 인격과 성품을 나타내지 못한다면 학생들을 생명의 길로 인도할 수 없습니다. 신학자의 마음 속에 예수 그리스도의 생명이 살아 있지 않다면, 그 생명이 그를 주장하여 그의 삶을 인도하지 않는다면, 그는 하나님을 모르는 사람일 뿐입니다. 더구나 신학자가 예수 그리스도의 생명을 제대로 전할 수 없다면, 그는 한갓 종교를 연구하는 학자에 불과합니다.

오늘날 많은 신학자들이 자신의 연구 업적과 성과를 내기 위하여 하나님을 학문적 연구 대상으로 전락시키는 잘못을 서슴지 않습니다. 마치 하나님의 권위에 도전하고 하나님의 말씀을 거역한 창세기 11장 1-9절의 '바벨탑 사건'을 보는 것과 같습니다.

대홍수를 겪은 노아의 후손들은 "땅을 멸할 홍수가 다시 있지 아니하리라"(창 9:11)라는 하나님의 약속을 믿지 않았습니다. 그들은 홍수를 막을 수 있는 탑을 높이 세우고자 했습니다. 그들은 "자, 성읍과 탑을 건설하여 그 탑 꼭대기를 하늘에 닿게 하여 우리 이름을 내고 온 지면에 흩어짐을 면하자"(창 11:4)라고 했습니다. 그들이 탑을 건설한 목적은 하나님에 대한 순종이 아니라 자신들의 이름을 내기 위함이었습니다. 하나님을 높이고 찬양하려함이 아니라 자신들의 이름을 나타내려는 교만에 빠진 것입니다.

오늘날 우리의 모습도 이와 다르지 않습니다. 하나님의 영광보다 자기 명예를 추구하려는 욕망이 우리 안에 매우 많은 것 같습니다. 특히 저를 비롯한 목사님들과 신학자들은 자신의 명예를 더욱 중요하게 생각하기 쉽습니다. 신학교 운영자로서 신학자들이 자기만의 '상아탑'에 갇혀 학문의 바벨탑을 쌓아가고 있는 모습을 볼 때 참으로 가슴이 아픕니다.

온 땅에 충만하여 그 중에서 번성하라(창 9:7)는 하나님의 명령을 거부한 노아의 후손들은 성읍과 탑을 쌓아 자신들만의 세상을 만들려 했습니다. 자신들의 미래와 운명을 하나님께 맡기지 않고 하나님의 명령을 거역하면서 스스로 해결하려는 교만에 빠졌습니다. 이처럼 오늘날 신학자들도 온 땅에 충만하여 복음을 전파하라는 하나님의 계시의 말씀에 순종하기보다는 자신들의 학문과 주장을 바벨탑처럼 높이 쌓아올리고 자기 세상 안에 안주하려고 합니다. 신학자들의 상아

탑은 매우 견고한 '또 다른 바벨탑'이 되어가고 있습니다. 신학자들이 교만하여 성경의 권위를 인정하지 않고 하나님 말씀을 믿지 않기 때문입니다. 성경을 떠나 인간의 학문으로 신학을 사변화시키고 하나님의 권위에 도전하고 있는 것입니다.

창세기 11장 3절에 보면, "서로 말하되 자, 벽돌을 만들어 견고히 굽자 하고 이에 벽돌로 돌을 대신하며 역청으로 진흙을 대신하자"라고 말했습니다. 사람들은 높은 탑을 쌓기 위해서 돌 대신 벽돌을 사용했고 진흙 대신 역청을 사용했습니다. 견고하고 높은 탑을 만들기 위한 노력이었습니다. 하나님께서 주신 원래의 재료 대신에 인간의 힘과 기술로 벽돌을 만들고 역청을 사용하였습니다. 거대한 성읍과 탑을 견고히 쌓을 정도라면 문명의 대단한 발전이라고 생각할지 모릅니다. 그러나 이러한 인간의 욕망 꼭대기에는 언제나 자신들의 이름을 내려는 교만이 있음을 반드시 기억해야 합니다.

성읍과 탑을 세우고 그 탑 꼭대기를 하늘에 닿게 하려는 계획은 하나님께서 기뻐하시지 않는 것이었습니다. 그들은 벽돌을 쌓고 역청을 발라서 하늘에 이르려고 했습니다. 자신들에게 주신 것에 감사하지 않고 자신들의 힘을 드러내어 스스로 높아지고자 한 것입니다. 하나님께서 주신 은혜와 은사, 하나님께서 주신 소명, 하나님께서 주신 환경에 감사하지 않고, 자신의 힘으로 무언가를 이루어 스스로를 높이려는 오늘날 우리의 교만이 이와 같지 않은지 살피고 회개해야 합니다.

하나님의 이름을 높일 때 우리의 이름도 높아집니다. 노아의 후손들이 온 땅에 흩어져 하나님의 뜻대로 모든 피조물을 다스릴 때, 하나님의 이름이 존귀하게 되며 그 결과 하나님의 자녀인 그들의 이름도 높아지는 것입니다.

신학도 마찬가지입니다. 하나님께서 우리에게 생명의 말씀을 주셨습니다. 그런데 그 말씀 그대로 받지 않고 자신의 생각과 경험에 따라 하나님 말씀을 학문화하여 하나님 말씀의 생명력을 잃어버리게 한 것이 오늘날 신학의 문제입니다. 하나님의 계시인 성경에 만족하지 않고 이성을 잘못 사용하여 신학을 사변적인 학문으로 만들어내는 것이 문제입니다. 하나님의 말씀에는 참된 생명이 있습니다. 그러나 그 말씀을 인간의 유한한 생각과 틀에 가두어 성도들로 하여금 말씀의 생명력을 체험하지 못하게 하는 것이 오늘날 신학자와 목회자들의 문제입니다.

하나님을 잘 아는 사람은 하나님을 진심으로 사랑하고 인격적으로 만나뵌 사람입니다. 하나님께 순종하고 하나님의 뜻에 따라 행동할 줄 아는 사람입니다. 그런 사람이야말로 하나님을 진정으로 아는 신학자요 영적 지도자라고 할 수 있습니다.

기독교회 역사를 보면 참된 신학은 하나님을 향한 경건(*pietas*)이었습니다. 하나님을 알고 사랑하여 즐거워하는 것, 하나님을 경외하고 순종하는 것, 그것이 신학인 것입니다.

하나님을 인격적으로 만나 하나님께 감사하고 기도하며 회개함으로써 새로워지는 참된 변화, 이것이 우리가 추구해야 할 신학입니다. 하나님을 찬양하고, 모든 영광을 하나님께 돌리며, 사나 죽으나 하나님의 영광을 위해 헌신하도록 하는 신학이 바로 참된 신학입니다.

그러나 신학을 학문으로만 하면, 결국 '신학'(神學)에서 '학'(學)만 남고, '신'(神)은 사라져버리게 됩니다. 학문만 남고 하나님은 없어지게 된다는 말입니다. 우리의 교만과 어리석음이 여기에 있습니다. 신학을 하면서도 오히려 하나님과 멀어지고 결국 하나님을 떠나서 영원한 생명을 잃어버린다면, 참으로 불행한 일입니다.

우리가 하나님을 잘못된 방식으로 알게 되면, 잘못된 삶의 열매를 맺게 됩니다. 성경의 하나님은 인격적인 분이십니다. 영이신 하나님은 단순한 지식의 대상이 될 수 없습니다. 하나님은 살아계신 분입니다. 우리를 사랑하시며 교훈과 징계로 인도하시는 분입니다. 하나님은 살아계셔서 우리에게 말씀하시고 동행하시며 교제하시는 분이십니다.

우리가 말씀 가운데 하나님을 인격적으로 만나지 않는다면 하나님을 온전히 알 수 없습니다. 그분의 말씀이 우리 마음 가운데 살아서 역사하지 않으면 하나님을 알고 있는 것이 아닙니다. 살아 계신 하나님께서 내 안에 살아서 일하시며 생명의 역사를 계속 일으키셔야, 내가 하나님을 안다고 할 수 있습니다. 그러므로 참된 신학은 하나님의 말씀을 통해서 영생, 곧 영원한 생명을 얻고 이 영원한 생명의 복음을 전파하는 신학입니다.

신학은 학문이 아니라 예수 그리스도의 생명의 복음입니다. 복음은 단순한 이론이 아닙니다. 죽은 자를 살리는 생명의 능력입니다. 영원한 생명을 주는 능력입니다. 우리가 배우는 신학은 단순한 이론에 그쳐서는 결코 안 됩니다. 신학은 하나님의 생명, 영원한 생명을 주는 것이어야 합니다. 이 사실을 결코 잊지 말아야 합니다.

요한복음을 보면, 생명에 대한 내용으로 가득 차 있습니다. "태초에 말씀이 계시니라. 이 말씀이 하나님과 함께 계셨으니, 이 말씀은 곧 하나님이시라. 그가 태초에 하나님과 함께 계셨고, 만물이 그로 말미암아 지은 바 되었으니, 지은 것이 하나도 그가 없이는 된 것이 없느니라. 그 안에 생명이 있었으니, 이 생명은 사람들의 빛이라"(요한복음 1장 1-4절).

예수님은 태초부터 계셨던 하나님의 말씀입니다. 그런데 이 말씀이신 예수님 안에 생명이 있다고 하셨습니다. 생명이 어디에 있습니까? 참된 생명, 영원한 생명이 어디에 있습니까? 예수 그리스도 안에 있습니다. 예수 그리스도가 바로 '영원한 생명'이십니다. 하나님의 말씀을 가르치고 배우는 목적은 생명이신 예수 그리스도를 이 말씀을 통해 영접하여 영원히 살도록 하는데 있습니다.

예수 그리스도를 우리의 구주로 고백하고 전하는 신학이 아니라면 생명을 살리는 신학이 될 수 없습니다. 신학은 반드시 생명, 곧 예수 그리스도의 생명을 전해야 합니다. 복음은 생명을 살리는 것입니다. 예수님은 요한복음 3장 5-6절에서 당시 유대인의 지도자와 선생으로서 성경을 잘 알았던 니고데모에게 아주 놀라운 말씀을 하십니다.

"예수께서 대답하시되 진실로 진실로 네게 이르노니 사람이 물과 성령으로 나지 아니하면 하나님의 나라에 들어갈 수 없느니라. 육으로 난 것은 육이요, 영으로 난 것은 영이니."

그렇습니다. 육으로 난 것은 육입니다. 영으로 난 것은 영입니다. 우리의 신학은 영으로 난 것이어야 합니다. 영적으로 살아 있는 신학이어야 합니다. 우리의 신학 교육도 영적으로 살아 있어야 합니다. 하나님의 나라는 육적인 것으로는 들어갈 수도 없고 볼 수도 없고 누릴 수도 없기 때문입니다.

니고데모는 유대인들의 랍비였습니다. 오늘날로 말하면 신학교 교수라고 할 수 있을 것입니다. 그는 율법을 잘 알았습니다. 성경도 잘 알았습니다. 그러나 그는 성경을 육적으로만 알았습니다. 그래서 예수님께서 영적으로 하시는 말씀을 알아듣지 못했습니다. 물과 성령으로 거듭나야 한다는 말씀을 이해하지 못했습니다. 그에게는 육적인 눈, 육적인 생각, 육적인 마음만 있었기 때문에, 예수님 말씀의 참된 의미를 이해하지 못했습니다. 예수님이 오심으로 임한 하나님의 나라를 볼 수 있는 영안이 없었습니다.

"육신을 따르는 자는 육신의 일을, 영을 따르는 자는 영의 일을 생각하나니 육신의 생각은 사망이요 영의 생각은 생명과 평안이니라. 육신의 생각은 하나님과 원수가 되나니 이는 하나님의 법에 굴복하지 아니할 뿐 아니라 할 수도 없음이라. 육신에 있는 자들은 하나님을 기쁘시게 할 수 없느니라"(로마서 8장 5-8절).

오늘날 신학교 교수님들도 마찬가지입니다. 교수님들이 말씀과 기도를 통해서 성령의 역사를 경험해야만 이런 영적인 것을 강의실에서 전할 수 있습니다. 교수님들의 심령이 하나님의 말씀과 성령의 역사로 깨어지고 부서질 때 예수 그리스도의 생명이 그에게서 흘러 넘쳐날 수 있습니다. 우리의 심령이 성령님의 강권적 역사하심으로 날마다 깨어지고 부서져야 합니다. 그러할 때 우리 안에 계시는 성령님의 영적인 생명력이 흘러 넘쳐서 신학생들에게 전해지는 것입니다.

교수님들의 머리에서 나오는 것은 학생들의 머리로 들어갑니다. 교수님들의 인간적인 마음에서 나오는 것도 학생들의 인간적인 마음으로 들어갑니다. 오로지 교수님들의 심령에서 나오는 영적 생명만이 학생들의 영적인 심령에 들어가 생명의 양식이 됩니다. 하나님 말씀을 가르치는 교수님들은 먼저 영적 생명을 소유한 영적 지도자가 되어야 합니다.

"살리는 것은 영이니 육은 무익하니라. 내가 너희에게 이른 말은 영이요 생명이라"(요한복음 6장 63절).

하나님의 말씀을 가르치는 신학은 '생명을 살리는 신학'이어야 합니다. 신학 수련을 하면서 하나님의 말씀을 배울 때 성령님께 전적으로 의지해야 합니다. 성령의 인도를 받지 않으면 신학은 생명력을 잃어버릴 수밖에 없습니다. 성령님을 의지하지 않은 채 신학을 하고 목회를 하는 사람은 성도들의 영혼을 메마르게 합니다. 그러므로 신학생들은 예수님을 알고, 예수님을 통해서 풍성한 생명을 누려야 합니다.

"내가 진실로 진실로 너희에게 이르노니 내 말을 듣고 또 나 보내신 이를 믿는 자는 영생을 얻었고 심판에 이르지 아니하나니 사망에서 생명으로 옮겼느니라"(요한복음 5장 24절).

"나는 하늘에서 내려온 살아있는 떡이니 사람이 이 떡을 먹으면 영생하리라. 내가 줄 떡은 곧 세상의 생명을 위한 내 살이니라"(요한복음 6장 51절).

개혁주의생명신학은 예수 그리스도의 생명을 풍성히 받는 신학이며 죽어가는 영혼들을 그 생명으로 살리는 신학입니다. 영적 생명을 소유한 사람만이 영적 생명을 나눌 수 있습니다. 우리가 먼저 하나님의 영적 생명을 누리지 못하면 그 누구에게도 예수 그리스도의 생명을 전할 수 없습니다. 하나님의 말씀이 성령의 역사하심을 통해 예수 그리스도의 생명으로 나타나기 위해서는 우리가 먼저 영적 생명을 소유해야 합니다.

신학대학원 목회학 석사(M.Div.) 과정은 사변적 지식을 전수하는 학위 과정이 아닙니다. 목회 현장을 하나님의 말씀으로 섬길 사역자를 길러내는 과정입니다. 의사를 양성하는 전문의 과정이 학문적 학위 과정이 아니라 육체의 생명을 살리는 수련 과정인 것처럼 목회학 석사 과정은 영혼의 치유자로서 사람의 영적 생명을 살리는 목회자로 훈련 받는 수련 과정입니다.

하나님의 백성에게 영적인 양식을 먹이고, 세상에 예수 그리스도의 생명을 전해야 하는 목회자의 사명은 이 세상 그 무엇보다 더 귀하고 영광스럽습니다. 영원한 생명이신 예수 그리스도를 전하는 일이기 때문입니다. 그래서 신학은 학문이 아니라 예수 그리스도의 생명의 복음입니다.

한국교회와 신학교에도 아직 희망이 있습니다. 우리는 하나님을 늘 거역하고 자신의 욕심을 위해 바벨탑을 쌓지만, 언약에 신실하신 하나님께서는 우리를 한 번도 버리지 않으셨습니다.

우리가 회개하고 부르짖으면 하나님께서 다시 우리를 열방에 복음을 전하는 통로로 삼아주실 것입니다. 우리가 하나님 말씀으로 돌아가 무릎 꿇고 기도하면서 하나님의 뜻에 순종하면, 하나님께서 한국교회에 영적 부흥을 다시 일으켜 주실 것입니다.

신학이 인간중심적인 학문으로 사변화되는 때에 언약의 하나님께서는 우리를 백석공동체로 부르셔서 복음의 기수가 되게 하셨습니다. 생명의 복음이신 예수 그리스도를 믿고, 믿게 하고, 전하도록 하기 위해 우리를 사명자로 부르신 것입니다. 영혼이 메말라 가는 이 시대에 신실하신 하나님께서 우리 백석학원과 백석총회를 사용하셔서 한국교회를 새롭게 할 뿐만 아니라 우리로 세상을 살리는 영적 마중물이 되게 하실 것입니다.

신학은 학문이 아닙니다

3

신학의 근거

성경은 하나님의 완전한 계시입니다

그렇다면 어떻게 우리가 예수 그리스도의 생명으로 충만한 신학을 할 수 있습니까? 그 방법은 무수히 많은 신학이론들이나 신학자들의 이름과 저서를 외우는 것이 아닙니다. 하나님의 말씀, 곧 성경을 통하여 말씀하시는 성령의 음성을 듣고 하나님 말씀에 순종하며 성경 말씀의 권위 앞에 엎드리는 것입니다. 그래서 개혁주의생명 신학은 하나님 말씀의 권위를 회복하는데서 시작됩니다. 성경은 하나님의 살아있는 말씀이며, 하나님의 완전한 계시이기 때문입니다.

하나님 말씀을 연구하고 가르치는 사람이 하나님을 두려워하지도 사랑하지도 않고 하나님께 순종하지 않는다면, 그것은 잘못된 것입니다. 먼저 우리가 하나님 말씀의 권위에 순복해야 합니다. 하나님 말씀을 사람의 말로 받지 않고 살아계신 하나님의 완전한 계시로 받는 믿음이 필요합니다.

하나님께서는 사도 바울의 입술을 통해 그의 영적인 아들 디모데에게 다음과 같이 교훈하도록 말씀하셨습니다.

"그러나 너는 배우고 확신한 일에 거하라. 너는 네가 누구에게서 배운 것을 알며 또 어려서부터 성경을 알았나니 성경은 능히 너로 하여금 그리스도 예수 안에 있는 믿음으로 말미암아 구원에 이르는 지혜가 있게 하느니라. 모든 성경은 하나님의 감동으로 된 것으로 교훈과 책망과 바르게 함과 의로 교육하기에 유익하니 이는 하나님의 사람으로 온전하게 하며 모든 선한 일을 행할 능력을 갖추게 하려 함이라"(디모데후서 3장 14-17절).

생명의 복음을 전하는 사명을 잘 감당하려면 먼저 개혁해야 할 것이 있습니다. '하나님 말씀의 권위'를 회복하는 것입니다. 하나님 말씀을 대하는 우리의 태도가 바뀌어야 합니다. 가르치는 사람이 먼저 성경을 하나님 말씀으로 믿어야 합니다. 가르치는 사람이 성경을 하나님의 살아있는 말씀으로 확신하고 가르치지 않으면 배우는 사람들은 당연히 성경을 하나님 말씀으로 믿지 않습니다. 하나님의 말씀을 어떤 태도로 가르치고 배워야 하는지를 올바로 알아야 합니다. 하나님 말씀에서 참 생명을 얻으려면, 하나님의 말씀을 마치 사람의 말처럼 다루는 잘못을 범하지 말아야 합니다. 하나님의 말씀인 성경을 마치 인간의 기록처럼 생각하고 다루면 신학은 단지 학문으로 끝납니다. 생명을 살리는 영적인 지식을 줄 수 없습니다.

물론 성경은 하나님께서 선지자들과 사도들을 통해서 기록하신 말씀입니다. 하지만 인간 기록자들의 문체나 문화적 배경, 성경의 역사적 배경을 잘 안다고 해서 하나님 말씀을 잘 안다고 말할 수는 없습니다. 인간 기록자들을 사용하셔서 성경을 기록하셨지만, 성경 말씀의 기록 목적은 우리를 향하신 하나님의 사랑과 뜻을 깨달아 믿고 순종하도록 하기 위한 것이기 때문입니다.

디모데후서 3장 16절은 "모든 성경은 하나님의 감동으로 된 것"이라고 말씀하셨습니다. 성경은 성령 하나님께서 사람을 감동하심으로 기록하게 하신 것입니다. 성경은 비록 인간을 통해서 기록되었지만, 인간 자신의 생각을 적은 글이 아니라는 말입니다.

"이는 다윗의 마지막 말이라. 이새의 아들 다윗이 말함이여 높이 세워진 자, 야곱의 하나님께로부터 기름 부음 받은 자, 이스라엘의 노래 잘 하는 자가 말하노라. 여호와의 영이 나를 통하여 말씀하심이여 그의 말씀이 내 혀에 있도다"(사무엘하 23장 1-2절).

시편의 많은 부분을 기록한 것으로 알려진 다윗은 "여호와의 영이 나를 통하여 말씀하심이여 그의 말씀이 내 혀에 있다"라고 고백하였습니다. 성령께서 자신을 사용하셔서 하나님 말씀을 대언하게 하신다는 것입니다. 그리고 자신의 혀는 그 말씀을 대언하는 도구라는 사실을 강조하고 있습니다.

"예언은 언제든지 사람의 뜻으로 낸 것이 아니요 오직 성령의 감동하심을 받은 사람들이 하나님께 받아 말한 것임이라"(베드로후서 1장 21절).

성경은 성령의 감동하심을 받은 사람들이 하나님께 받아 말한 것입니다. 성경이 하나님의 감동으로 기록되었다는 사실을 명확하게 고백하지 않는 신학 교육은 의미가 없습니다. 신학이 인간중심적인 학문이 되고 말기 때문입니다. 그런 경우 신학교는 단지 지식만 전수하는 학원과 다름없습니다. 우리는 성경이 하나님께서 친히 기록하셔서 우리에게 주신 말씀이라는 확신 위에서 가르치고 배워야 합니다.

그런데 실제로 우리는 하나님의 말씀을 어떻게 대합니까? 성경을 사회·문화적인 배경을 지닌 역사책으로만 생각하는 경우가 많습니다. 성경을 모세가 쓰고 바울이 썼다고 생각하는 것입니다. 성경은 하나님께서 모세를 통해서 쓰신 것이고, 바울을 통해서 쓰신 것입니다. 그래서 우리는 하나님이 모세와 바울을 통해서 무슨 말씀을 하고 계시는 것이냐, 하나님의 뜻이 무엇이냐고 물어야 합니다. 그런데 모세에 대해서만 말하고, 바울에 대해서만 말하면, 하나님의 말씀에 있는 생명력이 드러나지 않습니다. 성경은 사람이 쓴 단순한 역사책이 아닙니다. 성경은 단순한 문학책도 아니며 단순한 소설도 아닙니다. 성경은 성령의 영감으로 기록된, '하나님의 말씀'입니다. 그래서 하나님은 바울 사도를 통해서 디모데에게 이렇게 말씀하셨습니다.

"그러나 너는 배우고 확신한 일에 거하라. 너는 네가 누구에게서 배운 것을 알며 또 어려서부터 성경을 알았나니"(디모데후서 3장 14-15절).

무슨 말입니까? 아무 것이나 함부로 받아들여서는 안 된다는 말씀입니다. '누구에게서 배운 것을 안다'는 것은 먼저는 가르침의 출처를 안다는 것이지만, 한 걸음 더 나아가면 가르침의 주체를 안다는 것입니다. 디모데가 배운 가르침의 출처는 어머니 유니게와 외할머니 로이스(딤후 1:5)였지만, 외할머니와 어머니를 통해 디모데에게 전해진 가르침은 하나님의 말씀이었습니다. 이 구절을 칼빈은 자신의 디모데후서 주석에서 다음과 같이 설명하고 있습니다.

만일 우리가 예수 그리스도의 제자가 되고자 하면, 우리는 그리스도와 분리되어서 배우는 모든 것들을 버려야 한다. …이 말씀은 믿음에는 반드시 분별력이 있어야 함을 가르치는데, 이로써 하나님의 말씀과 사람들의 말을 구분하게 되어 아무 것이나 다 주어지는 대로 받아들이지 않게 하려 함이다.[1]

---

1) John Calvin, *Commentaries on the Epistles to Timothy, Titus, and Philemon*, trans. William Pringle, 2 Timothy 3:14, in *Calvin's Commentaries*, 22 vols. (Grand

바른 신학을 하기 위해서는 우리에게 반드시 믿음이 있어야 하고, 지혜로운 분별력도 있어야 합니다. 우리는 하나님의 말씀과 사람들의 말을 구별할 줄 알아야 합니다. 우리는 아무 것이나 무조건 받아들여서는 안 됩니다. 그리스도와 분리되어서 배우는 것은 모두 배설물처럼 버려야 한다는 말입니다. 이것이 개혁주의의 기초를 세운 칼빈 선생의 교훈입니다.

개혁주의생명신학을 제대로 하려면, 먼저 우리 자신부터 개혁해야 합니다. 우리의 무엇을 개혁해야 합니까? 하나님 말씀을 대하는 우리의 태도를 개혁해야 합니다. 하나님 말씀보다 학문을 더 높이 여기고 더 사랑하는 태도를 버려야 합니다. 무엇이 우상숭배입니까? 우리가 하나님보다 더 사랑하는 것이 있다면, 그것이 곧 우상입니다. 하나님의 말씀보다 학문을 더 사랑한다면, 학문이 우리의 우상입니다. 우리가 하나님의 말씀보다 돈을 더 사랑한다면, 돈이 우리의 우상입니다. 하나님의 말씀보다 쾌락을 더 사랑한다면, 쾌락이 우상입니다. 하나님을 섬긴다고 하면서 우상을 숭배할 수는 없습니다.

하나님 말씀의 권위를 회복하여 바른 신학을 할 수 있어야 합니다. 신학을 가르치는 자나 배우는 자 모두가, 하나님의 말씀의 권위 앞에서 머리를 숙이기를 바랍니다. 하나님 말씀을 겸손하고 경건한 마음으로 대해야 합니다. 성경을 분석하는데 그치지 말고, 그 말씀을 사

Rapids, MI: Baker Book House Company, 1993), 21:246-247.

신학은 학문이 아니다

랑하고 순종하는 자리에까지 나아가야 합니다. 그 말씀을 두려워하고, 그 말씀으로 새롭게 변화되는 그런 역사가 있어야 합니다.

하나님 말씀의 권위를 회복해야 하는 중요한 이유가 있습니다. 그 이유는 신학은 학문이 아니라는 데 있습니다. 신학은 단순히 이론으로만 끝나는 학문이 아니라, 영적 생명을 살리고 그 능력을 풍성케 하는 복음입니다. 그러하기에 성경을 사랑하고, 성경을 많이 읽고 쓰고, 많이 묵상해야 합니다. 참된 순종으로 하나님 말씀의 능력을 체험해 예수 그리스도의 풍성한 생명을 누려야 합니다. 그러기 위해서는 무엇보다 성경을 살아 계신 하나님의 말씀으로 온전히 믿고 순종하는 우리 모두가 되어야 합니다.

4
신학의 방향

교회에 영적 생명을 주는 신학이어야 합니다

        오늘날 신학 지식은 차고 넘치는데, 문을 닫는 교회는 오히려 점점 늘어나고 있습니다. 우리 한국에도 훌륭한 신학자들이 얼마나 많습니까? 좋은 신학교가 얼마나 많습니까? 교회 강단에서 얼마나 많은 설교가 선포되고 있습니까? 그런데도 교회 강단의 영적 생명력은 점점 고갈되어 가고 있습니다. 그 이유가 무엇입니까?

  우리나라에 교회와 신학교가 크게 늘어나고, 신학자들의 수도 과거와는 비교할 수 없을 만큼 증가했습니다. 신학생들의 학업 성취도도 상당히 높아진 것이 사실입니다. 과거와 비교하면 학문성을 갖춘 신학자와 신학생들의 수가 매우 많아진 것입니다. 하지만 우리 한국 교회에서 선포되는 말씀의 영적인 능력은 점점 약화되고 있습니다. 설교자들이 화려한 수사를 사용하고 많은 지식을 전달하여 성도들에게 깨달음을 주기는 하지만 성도들의 삶에 변화가 없습니다. 성도들의 삶의 변화를 일으키지 못하는 설교는 진정한 설교일 수 없습니다. 설교는 단순히 인간의 말이 아니라 하나님의 말씀을 대언하는 것이고, 하나님의 말씀에는 삶을 변화시키는 능력이 있기 때문입니다. 설교자가 성경을 하나님의 말씀으로 믿지 않고 그 말씀에 순종하지 않는다면 설교에 생명의 능력이 나타날 수 없습니다.

지금 한국교회 강단에서는 성도들의 귀를 즐겁게 하는 설교, 세상의 지식을 전하는 설교는 넘쳐나지만, 십자가와 부활의 복음을 듣기가 어려워졌습니다. 목회자들이 풍부한 지식으로 설교할 때 사람들이 그 설교를 듣고 큰 은혜와 감동을 받았다고 생각할 수 있습니다. 성경 지식을 논리적으로 또 감동적으로 잘 전하면 큰 은혜와 깨달음이 있을 수 있습니다. 그러나 그것만으로는 영적 생명의 역사가 일어나지 않습니다. 은혜를 받은 사람은 이전에 하지 못했던 일을 할 수 있어야 합니다. 사랑할 수 없던 사람을 사랑하고, 용서할 수 없던 사람을 용서해야 합니다. 습관적인 죄도 하나님께서 주시는 능력으로 이겨내야 합니다. 참된 은혜는 단순한 지적 깨달음이 아니라 믿음으로 살게 하는 하나님의 능력이기 때문입니다.

목회자에게 영적 생명이 없으면, 교회는 밀려오는 세상의 물결에

휩쓸리게 됩니다. 교회가 점점 세속화 되어 교회 안에서조차 세상의 원리가 지배하게 되는 것입니다. 하나님의 말씀이 아니라 세상의 원리가 기준이 되고 마는 것입니다. 그래서 영적 생명을 소유하는 것이 중요합니다. 영적 생명, 예수 그리스도의 생명이 우리 안에서 역사해야 합니다. 목회자에게 기도의 능력, 말씀의 능력이 없으면, 성령의 역사가 일어나지 않습니다. 강단에서 선포되는 말씀에 영적 생명이 없으면 성도들의 영혼이 메마르게 되는 것입니다.

목회자가 강단에서 하나님의 말씀을 생명력 있게 선포할 때, 그 말씀을 들은 성도들이 예수 그리스도의 생명을 회복하여 자신들의 죄를 회개하고 돌이키는 역사가 일어납니다. 심령 부흥의 역사가 일어납니다. 성도들의 삶이 새롭게 변화됩니다.

그러기 위해서는 목회자가 성경을 읽으며 설교를 준비할 때 하나님의 세미한 음성을 들어야 합니다. 자신이 준비하는 말씀 가운데 먼저 자신이 은혜를 받아야 합니다. 그리고 받은 은혜의 말씀을 가감 없이 선포해야 합니다. 그러할 때 하나님의 말씀이 사람들의 마음에 심겨져 영적 생명의 역사가 일어납니다. 하나님 말씀이 사람들의 심령을 영적 생명으로 살려낼 때, 자신의 죄를 눈물로 회개하며 새 생명으로 살아가는 역사가 일어납니다.

십자가와 부활의 복음이 선포되지 않는 오늘날 교회 강단이 성도의 영혼을 메마르게 하고 있습니다. 교회의 이런 문제는 목회자의 문제입니다. 우리 신앙의 선배들은 신학 지식도 부족하고, 좋은 주석도 많이 없었지만, 성경 말씀을 부여잡고 기도하면서 많은 역사를 일으켰습니다. 새벽마다 기도하고 금식하면서 온전히 하나님만 바라보면서 목회했습니다. 그런데 1980년에 신학대학원 목회학 과정이 개설되고, 외국에서 학위를 받은 많은 학자들이 신학교에서 가르치면서 신학 교육의 중심이 오히려 성경에서 벗어나기 시작했습니다.

서구 신학교가 학문 중심의 커리큘럼을 운영하면서 서구 교회는 몰락하기 시작했습니다. 그런데도 한국의 신학교들은 성경과 경건 훈련을 중심으로 하지 않는 서구 신학교의 커리큘럼을 그대로 따라갔습니다. 찬송과 기도로 시작했던 수업시간이 영성 없이 메마른 신학 지식만을 전달하는 시간으로 바뀌어가고 있습니다. 신학 토론과 논쟁에는 능숙하지만 성경을 부여잡고 눈물로 기도하는 학생들이 많지 않습니다. 그래서 신학교를 졸업하는 학생들은 많지만 예수 그리스도의 생명으로 충만해서 목숨을 걸고 교회를 개척하는 모습은 좀처럼 찾아보기 어려워졌습니다.

신학생들이 학문으로서의 신학은 열심히 공부하면서도 경건의 훈련에는 힘쓰지 않고, 하나님을 진정으로 사랑하고, 하나님의 뜻에 무조건 순종하여 자기를 희생하고자 몸부림치는 일은 하지 못하고 있습니다. 이런 모습은 하나님께서 원하시는 신학도와 목회자의 자세가 아닙니다. 목회는 하나님을 알고 그 뜻을 깨달아 하나님께 기꺼이 순종하는 성도를 양육하는 일입니다. 그것이 바로 목회자가 해야 할 일입니다. 그런데 목회자가 자신이 먼저 순종의 본을 보이지 못한다면 어떻게 성도들이 하나님을 온전히 순종하도록 양육할 수 있겠습니까?

에베소서 4장 12절은 "이는 성도를 온전하게 하여 봉사의 일을 하게 하며 그리스도의 몸을 세우려 하심이라"라고 말씀하셨습니다. 목회는 성도를 온전하게 하는 일입니다. 온전한 성도가 하나님의 일, 즉 희생과 봉사를 감당할 수 있습니다. 온전한 성도들이 교회 안에서 각자에게 맡겨진 섬김의 직분을 충성스럽게 감당할 때 그리스도의 몸이 올바로 세워지는 것입니다. 우리를 온전하게 하고 하나 되게 하는 것은 오직 하나님 말씀과 성령의 인도하심을 통해서만 가능합니다. 그런데 하나님 나라와 뜻을 위해 헌신해야 할 신학생들과 목회자들이 성경과 성령을 무시한 채 학문으로서의 신학에만 몰두하다보니 설교는 할 줄 알지만 개척도 할 수 없고, 목회도 제대로 감당할 수 없는 것입니다.

과학 기술이 발달하고 물질문명이 발전할수록 사람들의 영혼은 오히려 더 피폐해 지고 있습니다. 이전보다 외적으로는 좀 더 편리하고 윤택한 삶 같지만 내적으로는 훨씬 더 공허하고 외로운 삶을 사는 것입니다. 일상생활에서 많은 사람과 마주치지만 진정한 사귐을 나누기는 어려워졌습니다. 그래서 사람들은 급변하는 세상에 지친 나머지 영원히 변하지 않는 복음의 능력을 체험하기를 더욱 갈망하는 것입니다. 세속의 거친 파도 속에서 영혼의 목마름을 호소하는 성도들이 점점 증가하고 있는 것입니다. 외치는 사람은 많이 있지만 생명수는 거의 말라버렸고, 탄식하고 방황하는 영혼들을 이끌어줄 영적 지도자를 찾기는 점점 더 어려워지고 있습니다. 영적 지도자를 배출해야 하는 신학 교육에 영적인 생명력이 없기 때문입니다. 신학교는 하나님에 대한 지식은 많이 가르치지만, 그 지식을 통해 하나님을 만나고 하나님의 말씀을 전인격적으로 체험하고 살아내도록 제대로 가르치지 못하고 있습니다. 하나님과의 만남과 사귐을 가능하게 하지 못하는 신학 교육은 참으로 헛된 것입니다.

"태초부터 있는 생명의 말씀에 관하여는 우리가 들은 바요 눈으로 본 바요 자세히 보고 우리의 손으로 만진 바라. 이 생명이 나타내신 바 된지라. 이 영원한 생명을 우리가 보았고 증언하여 너희에게 전하노니 이는 아버지와 함께 계시다가 우리에게 나타내신 바 된 이시니라. 우리가 보고 들은 바를 너희에게도 전함은 너희로 우리와 사귐이 있게 하려 함이니 우리의 사귐은 아버지와 그의 아들 예수 그리스도와 더불어 누림이라. 우리가 이것을 씀은 우리의 기쁨이 충만하게 하려 함이라"(요한1서 1장 1-4절).

생명의 말씀은 귀로 듣고, 눈으로 보고, 자세히 살피고, 우리의 손으로 만진 것이어야 합니다. 생명의 말씀은 단순하고 공허한 소리로서의 말씀이 아닌 살아있는 말씀입니다. 영원한 생명을 주는 말씀입니다. 단순히 머리로 아는 것이 아니라 직접 체험해야 하는 것입니다. 생명의 말씀이신 예수 그리스도를 단지 성경에서 설명하는 이야기로 듣는 것에서 머물지 말고 내 삶에 들어오셔서 섭리하시는 주님으로 만나야 하는 것입니다.

히브리서 13장 7-8절은 "하나님의 말씀을 너희에게 일러주고 너희를 인도하던 자들을 생각하며 그들의 행실의 결말을 주의하여 보고 그들의 믿음을 본받으라. 예수 그리스도는 어제나 오늘이나 영원토록 동일하시니라"라고 말씀하셨습니다. 변치 않는 예수 그리스도를 생명의 말씀을 통해서 만나야 합니다. 세상은 변하고 사람들은 세상의 변화에 발맞춰 살아가지만 이 땅에 있는 그 어떤 것도 영원한 것은 없습니다. 태초부터 계신 영원불변하신 하나님께서 우리를 구원하시기 위해 이 땅에 오셨습니다. 예수 그리스도는 우리가 접근할 수 없는 저 높은 곳에만 계시지 아니하시고, 우리가 만나고 체험하도록 우리 가운데 오셨습니다. 얼마나 놀라운 은혜입니까?

우리의 신학 교육은 예수 그리스도를 우리 삶과 관계없는 분으로 만들어서는 안 됩니다. 태초부터 계신 말씀이시며, 성육신하셔서 우리에게 오신 생명의 주님이신 예수 그리스도를 만나고 사귀고 가까이에서 교제할 수 있도록 도와야 합니다. 하나님을 알고, 그분과 교제함으로 참된 사귐이 있을 때 비로소 그 말씀의 생명이 우리 안에 역사하는 것입니다. "더불어 누림"이라는 말씀처럼 참된 사귐과 교제를 통해서 우리 안에 구원의 확신과 기쁨이 충만해야 합니다. 목회자 자신이 구원의 확신과 기쁨이 충만한 가운데 생명의 복음을 전할 때 구원의 역사가 나타나는 것입니다.

요한1서는 예수님의 성육신이 실제였음을 보여주심으로 초대 기독교 이단인 '영지주의자들,' 특별히 가현설을 주장하여 예수 그리스도의 성육신을 부인하는 사람들의 잘못을 분명히 드러내십니다. 요한1서 4장 2-3절은 "이로써 너희가 하나님의 영을 알지니 곧 예수 그리스도께서 육체로 오신 것을 시인하는 영마다 하나님께 속한 것이요 예수를 시인하지 아니하는 영마다 하나님께 속한 것이 아니니 이것이 곧 적그리스도의 영이니라. 오리라 한 말을 너희가 들었거니와 지금 벌써 세상에 있느니라"라고 말씀하셨습니다. 당시 영지주의자들은 예수님의 신성을 강조한다면서 예수 그리스도의 인성을 부인했습니다. 우리에게 임마누엘 하나님으로 찾아오셔서 우리와 함께 하시고 우리에게 생명을 주시며 우리의 기도에 응답하시는 예수 그리스도를 부인한 것입니다. 이처럼 신학이 지식으로만 강조되면 영원한 생명의 주인이신 예수 그리스도를 만날 수 없습니다. 예수 그리스도와 함께 하는 사귐이 있을 수 없습니다.

베드로후서 1장 16절의 "우리 주 예수 그리스도의 능력과 강림하심을 너희에게 알게 한 것이 교묘히 만든 이야기를 따른 것이 아니요 우리는 그의 크신 위엄을 친히 본 자라"라는 말씀처럼 성경은 영지주의자들이 교묘히 만든 이야기와 달리 사도들이 직접 보고 듣고 만진 예수 그리스도에 대한 역사적 증언을 기록한 것입니다. 그런데 오늘날 신학자와 목회자들도 영지주의자들이 범했던 잘못을 답습하고 있습니다. 말씀 가운데 예수 그리스도를 만나고 누림이 아니라 자신이 전해 받은 지식으로 예수 그리스도에 대한 가르침을 함부로 재단하고 있는 것입니다. 생명을 주시는 예수 그리스도의 능력을 경험할 수 있는 길은 오직 성경에 기초한 올바른 신학을 할 때만 가능합니다.

신학은 학문이 아니라 예수 그리스도의 생명의 복음입니다. 하나님과 참된 교제와 사귐이 없는 신학은 생명을 줄 수 없습니다. 생명의 복음을 가진 사람만이 생명을 줄 수 있습니다. 신학자와 목회자가 자신이 전해 받은 지식을 기준 삼아 성경을 연구한다면 성경을 통하여 말씀하시는 성령의 역사를 체험할 수 없습니다. 그 어떤 고상한 지식으로도 하나님을 만날 수 없습니다. 하나님을 만나지 못한다면, 하나님께서 주시는 생명의 복음을 전할 수 없습니다. 현실 교회가 그런 역할을 감당하고 있지 못하기 때문에 성도들이 영적 생명에 갈급한 것입니다. 영적 생명에 갈급한 성도들을 예수 그리스도께 이끌어주지 못하고, 신학 전문가라는 헛된 엘리트 의식을 가지고 강단에서조차 학문만을 가르치다보니 성도들의 영혼이 더욱 메말라 가는 것입니다. 신학자와 목회자에게는 성도들이 성경을 통해서 말씀하시는 성령을 체험하도록 도울 책임이 있습니다. 그런데 자신들이 가진 신학 지식을 자랑하듯 학문적으로만 말씀을 가르치다보니 성도들의 영혼이 더욱 갈급한 것입니다. 신학자와 목회자는 성도들에게 성경을 보는 영적인 눈을 열어 주어야 합니다.

신학은 학문이 아닙니다. 신학은 하나님에 대해 메마른 지식을 주는 학문도, 우리의 인격과 삶으로부터 분리된 학문도 아닙니다. 우리의 신학은 하나님의 생명, 예수 그리스도의 생명이 넘치는 참 모습을 회복하여야 합니다. 성경을 통하여 말씀하시는 성령 하나님을 체험하고 체험케 해야 합니다.

우리 한국교회에서는 신학의 발전으로 인하여 교회가 문을 닫는 일이 없도록 해야 할 것입니다. 예수 그리스도의 생명을 소유한 신학, 성령의 인도를 받는 참된 신학을 하여 교회를 살리는 사역자들이 나와야 합니다. 목회자들이 신학을 학문으로만 해서 교회와 성도들의 영혼을 죽이는 목자들이 되어서는 안 됩니다.

참된 신학은 언제나 교회에 영적 생명을 주는 것이어야 합니다. 참된 신학은 언제나 그리스도의 몸 된 교회를 섬기는 것이어야 합니다. 예수 그리스도가 머리가 되시는 교회로부터 분리된 신학은 존재할 수도 없고, 존재해서도 안 됩니다. 예수 그리스도께서 피로 값 주고 사신 교회를 교회답게 하지 못하는 신학은 그 자체가 이미 죽은 것입니다.

앞서 말한 대로, 기독교회 역사에서 신학이 하나의 학문으로 분류된 것은 중세 후기부터입니다. 수도원이나 주교좌성당에 딸린 학교들과 별개로 대학이 성립되는 과정에서 신학은 법학, 의학과 함께 하나의 학과로 자리 잡게 되었고, 때마침 도입된 아리스토텔레스의 방법론에 따라 신학의 학문적 체계화가 속도를 더하게 되었습니다.[2] 이때

---

2) John W. Baldwin, 『중세문화 이야기』, 박은구·이영재 역 (서울: 혜안, 2002), 220.

부터 점점 신학은 다른 학문과 마찬가지로 합리적인 이해를 추구하는 일반 학문으로 여겨지기 시작했습니다. 이런 경향은 17-18세기 서구 계몽사조의 영향 아래 더욱 굳어졌습니다. 계몽사조는 인간 이성에 대한 무한 신뢰를 바탕으로 인간의 이성에 합치하는 것만을 인정하려는 사조입니다. 그 결과 신학은, 성경이 계시하는 하나님의 말씀에 순종하고 그 말씀을 전함으로 영혼을 살리는 생명의 복음이 아니라, 성경을 합리적으로 이해하려고 하는 사람들의 주장과 논리를 평가하고 연구하는 학문으로 변질되어 버렸습니다.

성경에는 우리 인간이 이해할 수 없는 신비와 기적들이 포함되어 있습니다. 그럼에도 이런 합리적인 시도들이 지속되면서, 이성에 부합하지 않는 모든 것을 거부하게 되었고, 최종적으로는 하나님의 계시 자체를 뒷전으로 밀쳐버리는 상황에 이르게 된 것입니다. 하나님의 완전한 계시이자 신앙과 삶의 표준으로 믿어온 성경이, 계몽주의 시대를 지나며 인간 저작 가운데 하나로, 그래서 결국 단순한 도덕이나 윤리 책으로 여겨지게 되었습니다.

그 결과 사람들은 경건한 삶을 살지 않으면서도 신학을 할 수 있는 것으로 생각하게 되었습니다. 말씀 묵상이나 기도 생활과 무관하게 성경에 대한 사람들의 주장과 논리를 연구하는 것을 신학으로 여기게 된 것입니다. 성경 자체를 묵상하고 연구하기보다 성경을 연구한 사람들의 연구 결과와 업적을 신학의 중심으로 삼은 것입니다.

학자들이 일반적으로 어떤 대상이나 개체에 대하여 연구하는 것처럼 하나님을 대상으로 연구한 것을 신학이라고 하니, 거기에 어떻게 예수 그리스도의 생명이 살아 역사할 수 있으며, 사람을 변화시키는 능력이 나올 수 있겠습니까?

창조주 하나님, 심판주 하나님, 영이시며 전능하신 하나님을 피조물인 우리가 어떻게 학문의 대상으로 삼을 수 있겠습니까? 우리를 지으시고 우리의 생사화복을 주관하시는 하나님을 우리가 어떻게 학문의 대상으로 삼아 논리적으로 연구할 수 있겠습니까?

신학이 학문으로만 전문화되어 오직 합리적이고 이론적인 차가운 지식, 하나님과 사귐이 전제되지 않은 사변적 지식으로만 추구될 때, 그런 신학을 배운 신학생들은 영적인 생명을 소유할 수가 없습니다. 영적 생명을 소유하지 못한 신학생들이 교회를 섬기는 목회자가 된다면, 그런 목회자들이 성도들을 아무리 열심히 가르친다 해도 생명의 역사가 일어날 수 없습니다. 영적 생명을 소유한 사람만이 영적 생명을 나눌 수 있기 때문입니다.

신학이 학문적으로 발달하고 신학생들이 이토록 많이 배출되는데도 문을 닫는 교회가 잇따라 나오는 현실은, 살리는 것이 학문이 아니라 영이라는 것을 잘 보여줍니다. 우리는 서구 교회의 이러한 전철을 밟지 말아야 합니다. 하나님께서 '신학은 학문이 아니다'라는 선언을 하게 하신 것은, 그리스도의 피로 값 주고 사신 교회를 보호하고, 살리고자 하시는 하나님의 섭리라고 생각합니다.

하나님께서 각자에게 사명을 주셔서 우리를 부르신 선한 목적을 절대로 잊지 마시기 바랍니다. 하나님은 우리가 하나님을 인격적으로 만나서 하나님을 사랑하고, 하나님께 순종함으로 이웃을 사랑하기를 원하십니다. 참된 신학의 목적은 그리스도의 몸 된 교회에 생명력을 더욱 풍성하게 하여 성도들의 영혼을 살리고 섬기는데 있습니다. 참된 신학은 언제나 교회를 위한 것이고, 교회를 섬기는데 사용되어야 합니다.

신학은 학문이 아닙니다

5
신학의 원리

개혁주의신학의 생명력을 회복해야 합니다

신학자의 사명은 신학을 통해서 교회를 섬기는 것입니다. 신학자들이 생명력 있는 신학을 가르쳐 영적 생명을 소유한 목회자를 배출할 때 교회는 예수 그리스도의 생명으로 충만해집니다. 예수 그리스도의 생명을 소유하지 못한 교회는 참된 교회라 할 수 없습니다. 예수께서 자신의 피로 값 주고 사신 교회는 그분의 생명으로 풍성하기 때문입니다. 성도 한 사람 한 사람이 예수 그리스도의 생명을 소유하고 참된 그리스도의 몸으로 세워질 때 교회는 참다운 "예수 생명의 공동체"가 될 수 있습니다.

그런데 오늘날 우리 한국교회의 현실은 어떻습니까? 참으로 부끄러운 일이지만, 오늘날 분열과 갈등이 가장 많은 곳이 바로 개혁주의와 보수·정통을 자처하는 신학교와 교단입니다. 어떤 이유로든 그리스도의 몸 된 교회를 찢는 행위를 해서는 안 됩니다. 그런데 우리나라 개신교회 중 교세가 가장 큰 장로교의 경우, 문화체육관광부가 발표한 '2018년 한국의 종교현황'에 따르면, '대한예수교장로회'라는 이름을 사용하는 교단이 300개에 이르고 있습니다. 1952년 고신과 1953년 기장의 분립, 1959년 합동과 통합의 분열 이후, 한국 장로교회가 여러 가지 명분을 내세워 분열한 결과, 총회 수가 300개가 되어버린 것입니다. 게다가 한국 개신교회 분열은 장로교만의 문제가 아닙니다. 한국교회가 어떤 명분을 내세운다 하더라도 교회분열은 정당화될 수 없습니다. 교회분열의 죄를 회개하지 않고는 참된 영적 회복을 결코 기대할 수 없습니다. 자존심과 기득권, 명예를 지키기 위해 분열에 분열을 거듭한 결과, 이제 한국교회는 사회적 신뢰마저 잃어버리게 되었습니다.

안타깝게도 개혁주의자를 자처하는 분들 가운데 자기 욕심을 버리지 않는 사람들이 많습니다. 교리가 구원과 생명을 주는 것이 아님에도 불구하고 자기 것을 지키려는 욕심으로 한 치의 양보도 하지 않습니다. 개혁주의를 외치는 사람들이 이웃을 섬기라는 예수 그리스도의 계명을 따라 살지 못하는 이유가 무엇입니까? 그 속에 예수 그리스도의 생명이 없기 때문입니다. 말로는 개혁주의를 외치면서 정작 예수 그리스도의 생명의 복음이라는 본질은 놓치므로 예수 그리스도의 생명력을 잃어버린 것입니다.

우리 백석학원과 백석총회의 신학적 정체성은 '개혁주의생명신학'입니다. 우리 학원과 총회는 설립 당시 역사적 개혁주의 노선에서 출발하였고, 지금도 종교개혁자들의 후예로서 개혁주의신학을 계승하고 있습니다.

우리는 16세기 종교개혁자들로부터 물려받은 개혁주의신학이 가장 성경적인 신학이라고 믿습니다. 그런데 개혁주의신학이 사변화됨으로 예수 그리스도의 생명력을 잃어버렸고, 그 결과 스스로 가르치는 그것을 실천할 수 없게 되었습니다. 개혁주의생명신학은 개혁주의신학에 예수 그리스도의 생명력을 회복시키려는 운동입니다. 그리스도께서 내 안에 사시고 내가 그리스도 안에 사는 영적 삶을 통해 개혁주의신학을 실천하는 운동입니다.

개혁주의의 핵심이 무엇입니까? '오직 성경, 오직 그리스도, 오직 믿음, 오직 은혜, 오직 하나님께 영광'이라고 할 수 있습니다. '5대 솔라'라고 부르는 이 다섯 가지 표어는 개혁주의의 기본정신을 잘 보여줍니다. 5대 솔라의 순서에 대해서는 다양한 의견들이 있습니다. '오직성경, 오직 믿음, 오직 은혜, 오직 그리스도, 오직 하나님께 영광'이라는 순서로 5대 솔라를 말하기도 하지만, 개혁주의생명신학에서는 '오직 믿음' 앞에 '오직 그리스도'를 놓습니다. 개혁주의생명신학의 강조점이라 할 수 있는 '예수 그리스도의 생명' 그리고 '십자가와 부활의 신앙'이 현 시대에는 더욱더 요청되기 때문입니다.

신앙고백에는 지역적·민족적·역사적 특이성이 반영될 수 있습니다. 하지만 500여 년 전 종교개혁자들의 신앙고백의 핵심인 5대 솔라는 성경을 바탕으로 한 원리로서 오늘날 우리에게도 여전히 유효한 신앙 원리입니다. 단지 종교개혁자들의 신앙을 대변하는 구호에 그치지 않고 오늘날 우리가 삶 가운데서 살아내야 할 생명력 있는 신앙 원리인 것입니다.

백석총회는 2017년 9월 14일 종교개혁 500주년을 맞이하여 개혁주의생명신학 선언문을 교회 선언으로 채택하였습니다. 무너져 가는 한국교회를 16세기 종교개혁의 정신으로 다시 살려내자는 것이 개혁주의생명신학 선언문의 취지였습니다.[3]

당시 백석총회가 채택한 신앙고백서를 작성할 때 중요하게 여긴 다섯 가지 원칙이 있었습니다.

첫째, 백석총회를 넘어서 한국교회 전체가 수용할 수 있는 신앙고백서를 작성한다.

둘째, 21세기 한국교회의 문제와 그에 대한 적절한 해결 방안을 담는다.

---

3) 장종현, 『개혁주의생명신학 선언문』(서울: 기독교연합신문사, 2017), 8-9. 이 『개혁주의생명신학 선언문』은 백석총회에서 채택한 개혁주의생명신학 선언문을 해설한 책으로 5대 솔라의 종교개혁 당시의 의미와 오늘날 적용에 대해서 상세히 설명하고 있다.

셋째, 장로교의 역사성과 정통성을 살리면서 교리를 정리하되 모든 근거는 성경이어야 한다.

넷째, 16세기 종교개혁 신학을 현재 상황에 맞추어서 새롭게 조명하고 적용한다.

다섯째, 교리의 개혁에 머무르지 않고 신학자와 목회자, 성도들이 먼저 회개하고 실천할 수 있는 운동이 되도록 한다.

종교개혁자들의 신앙 원리인 5대 솔라를 그대로 받아들이는 것도 참으로 귀한 것입니다. 하지만 개혁교회는 각 시대 상황에서 부닥치는 수많은 도전에 맞서 성경적 신앙을 늘 새롭게 고백해야 합니다. 그래서 우리 백석총회는 '개혁주의생명신학 선언문'에서 5대 솔라를 현재 상황에 맞게 재해석하고, 종교개혁자들의 후예로서 우리의 신앙 원리를 새롭게 제시했습니다. 그리고 한 걸음 더 나아가 5대 솔라라는 신앙 원리를 실천할 수 있는 방안으로 개혁주의생명신학 7대 실천 운동을 함께 제시하는 것입니다.

(1) '오직 성경': 성경을 통하여 말씀하시는 성령

이 표어는 오직 성경만이 우리의 구원과 삶에 최종적인 권위를 갖는다는 뜻입니다. 살아 계신 하나님을 만나고 예수 그리스도의 영을 받아 그분과 교제하며 살 수 있는 길은 오직 하나님의 말씀입니다. 성경은 하나님의 아들 예수 그리스도의 복음입니다(눅 24:27; 롬 1:1-2).

성경은 인간의 구원과 삶의 모든 문제에 대한 유일하고 완전한 해답입니다.

"그러나 너는 배우고 확신한 일에 거하라. 너는 네가 누구에게서 배운 것을 알며 또 어려서부터 성경을 알았나니 성경은 능히 너로 하여금 그리스도 예수 안에 있는 믿음으로 말미암아 구원에 이르는 지혜가 있게 하느니라. 모든 성경은 하나님의 감동으로 된 것으로 교훈과 책망과 바르게 함과 의로 교육하기에 유익하니 이는 하나님의 사람으로 온전하게 하며 모든 선한 일을 행할 능력을 갖추게 하려 함이라"(디모데후서 3장 14-17절).

하나님의 말씀인 성경은 우리 신앙과 삶의 유일한 표준입니다. 사람의 전통이 아니라 하나님의 말씀이 최종적인 권위를 갖습니다. 교회의 전통과 교리도 성경의 권위 아래에 있습니다. 종교개혁은 성경보다 전통을 더 신봉하는 중세교회의 가르침에 반대하여, 성경 66권만을 신앙과 삶의 표준으로 삼았습니다. 오늘날 한국교회가 종교개혁의 성경관에 굳게 서지 못한 것은 개혁주의를 외치면서도 실천하지는 않았기 때문입니다. 자유주의나 보수주의를 막론하고 오늘날 신학자들은 성경을 이성의 비평 대상으로 삼아 신학을 학문으로만 여깁니다. 목회자와 성도들이 성경 전체의 가르침을 보지 않고 자기에게 필요한 구절만을 취하는 경향이 많습니다.

성경은 성령의 감동으로 기록되었기에 성령만이 성경을 올바로 해석하여 적용하게 해주시는 분이십니다(딤후 3:16-17; 벧후 1:21). 성령께서 영의 눈을 열어 주실 때에야 비로소 우리는 성경을 생명의 말씀으로 체험할 수 있습니다(엡 1:17-18). 성경을 학문적으로만 다루게 되면 영적 생명을 상실하게 됩니다. 율법 조문은 죽이는 것이고 영은 살리는 것입니다(고후 3:6). 표준새번역에서는 "문자는 사람을 죽이지만, 영은 사람을 살립니다"라고 말씀하고 있습니다. 여기서 말씀하시는 '문자,' '율법조문'은 옛 언약을 의미합니다. 문자는 우리의 죄를 지적하지만 그 죄의 문제를 해결할 수 없듯이, 율법의 옛 언약으로는 생명을 살릴 수 없습니다. 율법의 완성이요 새 언약이신 예수 그리스도의 생명을 의지할 때 새 생명을 얻습니다. 문자 자체는 생명을 줄 수 없지만 성령의 조명을 받아 성경을 해석하고 적용할 때 문자도 학문도 모두 살아납니다. 영이 살아야 학문도 삽니다. 그러하기에 우리는 학문적 노력에 앞서 무릎을 꿇고 성령의 도우심을 간구해야 합니다(고전 12:3). 그리고 교회에서나 신학교에서나 과연 우리가 무엇을 기준으로 삼고, 무엇을 권위로 삼고 따르는지, 늘 새롭게 분별하여야 합니다. 우리가 잘못되었으면 그 잘못을 겸손히 인정하고 즉각 고치고 바로잡아야 합니다.

신학은 인간이 하나님에 관해 하는 말이 아니라, 하나님께서 인간에게 하시는 말씀입니다. 신학은 학문이 아니라 예수 그리스도의 생명의 복음이기 때문입니다. 하나님의 말씀에 비추어보아 옳지 않은 것이 있다면, 그것을 고쳐나가는 것이 개혁주의입니다. 예수님께서는 율법 준수를 강조하며 사람들이 만든 전통을 따르면서도 정작 하나님 말씀의 참 뜻을 따르지 않는 당시의 바리새인들과 율법주의자들을 엄하게 질책하셨습니다. 개혁주의를 표방하는 우리는 어떠합니까?

하나님의 말씀이 우리에게 영생을 준다고 말하면서도, 정작 우리 자신이 하나님의 말씀을 온전한 계시로 믿고 순종하지 않고 있는 것은 아닌지 돌아보아야 합니다. 하나님의 말씀이 삶의 유일한 표준이라고 말하는 사람들이 실제 자신의 삶에서 그 말씀의 권위에 순종하여 잘못된 관습과 전통을 과감하게 고쳐나가고 있는지 의문을 품게 됩니다. 우리는 이제부터라도 하나님 말씀에 비추어보아 잘못된 것은 바로 잡고 올바른 것은 계승하는 삶을 살아야 합니다. 이런 의미에서 '오직 성경'이 개혁주의의 출발점입니다.

(2) '오직 그리스도': 십자가와 부활의 삶

예수 그리스도만이 구원의 유일한 길입니다. 하나님은 우리에게 그리스도 외에 구원받을 만한 다른 이름을 주시지 않았습니다(행 4:12). 철학과 종교, 과학과 문화, 그 무엇도 우리를 죄와 사망으로부터 구원할 수 없습니다. 우리 스스로 죄와 사망으로부터 해방될 수 없는 것은 물론입니다. 우리 모든 인간은 죄로 인해 전적으로 부패해 있기 때문입니다. 죄의 삯은 사망인데, 죄인인 인간이 스스로 영벌을 면할 길은 없습니다. 우리는 오직 예수 그리스도가 우리 구원의 유일한 길임을 고백해야 합니다. '오직 그리스도'를 부정하는 종교혼합주의와 종교다원주의는 잘못된 사상입니다. 하나님과 사람 사이의 유일한 중보자이신 예수 그리스도를 어느 누구도 대신할 수 없습니다(딤전 2:5).

예수님은 요한복음 14장 6절에서 "내가 곧 길이요 진리요 생명이니 나로 말미암지 않고는 아버지께로 올 자가 없느니라"라고 말씀하시고, 요한복음 11장 25-26절에서는 "나는 부활이요 생명이니 나를 믿는 자는 죽어도 살겠고 무릇 살아서 나를 믿는 자는 영원히 죽지 아니하리라"라고 말씀하셨습니다.

하나님께서는 로마서 7장 24-25절에서 사도 바울로 하여금 오직 그리스도에게만 구원과 소망이 있음을 고백하도록 하셨습니다. "오호라, 나는 곤고한 사람이로다. 이 사망의 몸에서 누가 나를 건져내랴? 우리 주 예수 그리스도로 말미암아 하나님께 감사하리로다."

오직 그리스도만이 구원의 길이요 소망이십니다.

모든 사람이 죄를 범하여 하나님의 영광에 이르지 못하게 되었습니다(롬 3:23). 우리의 마음이 어두워지고 어리석게 되어 하나님께 감사와 영광을 돌리지 않고 도리어 하나님의 영광을 썩어질 우상으로 바꾸었습니다(롬 1:21-23). 하지만 하나님께서는 이런 우리를 사랑하셔서 독생자 예수 그리스도를 화목제물로 내어 주셨습니다(롬 5:8; 요일 4:10). 예수 그리스도는 하늘의 영광된 보좌를 비워 두시고, 이 땅에 오셔서 십자가를 지시기까지 하나님의 뜻에 순종하셨습니다. 예수 그리스도는 십자가에서 구원 사역을 다 이루시고(요 19:30), 사흘 만에 부활하심으로 부활의 첫 열매가 되셨습니다(고전 15:3-4, 20). 예수 그리스도께서는 십자가에서 우리 죄를 사하셨고, 부활을 통해 우리를 의롭게 하셨습니다(롬 4:25).

하나님의 형상과 영광을 회복하는 길은 예수 그리스도의 십자가와 부활을 믿는 것입니다. 이러한 믿음은 십자가와 부활의 삶으로 나타나야 합니다(고후 4:10-11). 이제는 내가 사는 것이 아니라 오직 내 안에 그리스도께서 사셔야 합니다. 우리의 자아가 십자가에서 온전히 죽을 때 우리 안에서 예수 그리스도의 생명의 역사가 일어납니다(갈 2:20). 이것이 성령의 인도를 받는 삶입니다. 우리 모두 성령의 도우심으로 부활의 삶을 살기 위해 날마다 무릎 꿇고 기도해야 합니다.

(3) '오직 믿음': 순종하는 믿음과 기도

믿음은 하나님의 선물입니다(엡 2:8-9). 살아계신 하나님을 인격적으로 신뢰하는 삶입니다. '오직 믿음'은 예수 그리스도를 믿음으로만 영생을 얻는다는 뜻입니다. 우리의 구원은 '오직 믿음'으로만 가능합니다. 진정한 믿음은 순종을 동반하기에(롬 1:5) 행함이 없는 믿음은 죽은 것입니다(약 2:17).

신학노 학문에 아멘다

"복음에는 하나님의 의가 나타나서 믿음으로 믿음에 이르게 하나니, 기록된 바, '오직 의인은 믿음으로 말미암아 살리라'함과 같으니라"(로마서 1장 17절).

중세교회는 인간의 선행이 구원에 보탬이 된다는 반(半)펠라기우스주의(semi-Pelagianism)에 빠짐으로 하나님의 주권을 부정했습니다. 종교개혁은 이러한 주장에 반대하여 오직 믿음으로만 의롭게 된다는 성경의 진리를 밝히 드러내었습니다. 하나님은 우리를 의로운 행위 때문에 구원하신 것이 아니라 예수 그리스도를 믿는 믿음을 보시고 구원하셨습니다.

우리의 구원은 선한 행위의 결과로 주어지는 것이 아닙니다. 우리가 아무리 많은 업적을 쌓고, 좋은 일을 하고, 이웃을 위한 봉사를 한다고 해도 그것들은 구원의 원인이 아닙니다. 참된 믿음은 순종으로 나타나야만 합니다(갈 5:6). 믿음이 순종을 동반하지 않아도 구원받을 수 있다고 가르치는 반(反)율법주의(antinomianism)는 하나님의 은혜를 오해한 것입니다(약 2:17-20). 하나님께서 받으시는 우리 삶의 열매는 믿음의 열매입니다. 하나님을 전적으로 의지하고 사랑하는 믿음이 우리 안에 있을 때, 삶에 귀한 사랑의 열매가 맺어집니다.

그런데 오늘날, '오직 믿음'을 오해하여 삶의 열매가 없는 신앙을 부끄러워하지 않는 경우가 많습니다. 한국교회도 칭의를 강조한 나머지 성화를 소홀히 해왔습니다. 우리는 믿음으로 의롭다함을 얻을 뿐 아니라 거룩함도 얻습니다. 믿음으로 하나님의 구원을 받았다면 그 은혜에 응답해야 마땅합니다. 하나님을 사랑하고 하나님의 말씀에 순종해야 합니다. 삶에서 좋은 열매를 맺어야 합니다.

하나님은 우리에게 죄 사함이라는 은혜를 주실 뿐 아니라 우리를 그 은혜에 합당하게 사는 거룩한 삶으로 부르십니다. 믿음은 하나님의 거룩하신 부르심에 대한 우리 인간의 순종입니다. 순종은 우리의 힘과 능력으로 되는 것이 아니라 오직 성령의 도우심으로만 가능합니다(슥 4:6).

성령의 인도하심을 따라 기도할 때 우리의 믿음이 더욱 깊어집니다(유 1:20). 믿음으로 기도할 때 주께서 병든 자를 고치시고 죄인을 구원하십니다. 마귀를 대적하며 시험을 인내로써 이기는 길은 주 앞에 엎드려 기도하는 것뿐입니다(약 5:13-18). 믿음으로 구하면 얻을 수 있으며, 고난을 만난다 해도 믿음으로 넉넉히 이겨낼 수 있습니다. 성령 안에서 드리는 기도는 하나님의 부르심에 믿음으로 순종하는 길입니다(엡 6:18).

(4) '오직 은혜': 용서와 화해의 복음

구원은 하나님의 전적인 은혜입니다. 인간의 공로로 얻을 수 없는 것입니다(엡 2:7-9). '오직 은혜'는 우리의 구원이 오직 예수 그리스도

신학교 학문에 아멘니다

의 공로로 말미암은 하나님의 선물이라는 뜻입니다. 우리의 구원은 전적으로 하나님께서 주신 것이지 우리의 공로로 말미암은 것이 아닙니다.

"이는 그리스도 예수 안에서 우리에게 자비하심으로써 그 은혜의 지극히 풍성함을 오는 여러 세대에 나타내려 하심이라. 너희는 그 은혜에 의하여 믿음으로 말미암아 구원을 받았으니, 이것은 너희에게서 난 것이 아니요, 하나님의 선물이라. 행위에서 난 것이 아니니, 이는 누구든지 자랑하지 못하게 함이라"(에베소서 2장 7–9절).

하나님은 사람이 범죄하여 타락한 후에도 여전히 은혜 베풀기를 기뻐하셨습니다. 하나님의 은혜는 독생자 예수 그리스도의 십자가에서 절정에 이르렀습니다. 우리의 화평이신 예수님은 오랫동안 막힌 담을 무너뜨리시고 화해와 일치를 이루셨습니다(엡 2:14). 예수 그리스도의 생명을 화목제물로 값없이 내어 주신 하나님의 은혜가 헛되지 않도록 우리는 그 은혜를 삶에서 날마다 되새겨야 합니다(롬 3:25; 요일 4:10). 우리가 오직 하나님의 은혜로 구원받아서 하나님의 자녀가 되었다면, 우리는 인간적인 노력과 공로를 자랑할 수 없고, 자랑해서도 안 됩니다. 하나님께서 그리스도 안에서 우리를 사랑하셔서 우리에게 모든 것을 주셨기 때문입니다. 우리가 우리의 모든 것을 전부 하나님께 드린다 해도 그것은 결코 우리의 공로가 될 수 없습니다. 그것은 은혜를 주신 하나님께 당연하게 드려야 할 사랑의 고백입니다.

그러나 안타깝게도 오늘날 한국교회는 분열을 거듭하고 있습니다. 하나되라고 하신 성령의 명령(엡 4:3)을 지키지 못하고 이기적 욕망과 교권주의로 분열의 아픔을 겪고 있습니다. 이런 상황에서도 우리는 자리다툼을 얼마나 많이 합니까? 자신의 공로를 내세워 그 대가를 요구하는 경우가 얼마나 많습니까? 우리가 정말 '오직 은혜'를 받은 사람으로 살고 있는지 돌아보아야 할 것입니다.

교회의 연합은 시대의 사명이자 하나님의 명령입니다. 우리는 하나님의 은혜를 헛되이 하지 말아야 합니다. 오직 은혜로 구원받은 우리는 화해와 용서로 하나되라는 하나님의 명령에 순종해야 합니다. 십자가의 은혜로 죄 용서 받은 사람은 자신에게 죄 지은 사람을 용서해야 합니다(마 18:35). 하나님의 은혜를 체험한 사람은 용서할 수 없는 사람도 용서하고 사랑할 수 없는 사람까지도 사랑해야 합니다. 하나님의 은혜의 복음을 증언하는 것은 주 예수께 받은 사명입니다(행 20:24). 거저 받았으니 거저 주어야 합니다(마 10:8). 구원받은 이후에도 하나님의 은혜 없이는 살 수 없습니다. 하나님의 인도하심과 보호하심이 없으면 길을 잃게 됩니다.

개혁주의생명신학은 하나님의 은혜를 강조하는 신학입니다. 우리는 율법을 행함으로 구원을 받는 것이 아니라 오직 하나님의 은혜로 구원을 받습니다. 우리가 예수 그리스도를 믿음으로 구원에 이른다는 복음의 진리는 하나님께서 우리에게 값없이 주시는 은혜의 선물입니다.

"하나님의 은혜로 값없이 의롭다 하심을 얻은 자 되었느니라"(로마서 3장 24절).

우리는 우리의 공로가 아니라 오직 하나님의 은혜로 죄 용서를 받아 의로운 자로 인정받습니다. 율법의 기준으로 행위에 따라 심판을 받아야 했던 우리에게 예수 그리스도를 믿음으로 구원에 이르는 하나님의 은혜가 임한 것입니다.

그러므로 우리는 때를 따라 돕는 은혜를 얻기 위하여 하나님의 보좌 앞에 담대히 나아가야 합니다(히 4:14-16; 고후 5:18). 우리는 복음을 말로만 전파하지 말고 용서와 화해를 주시는 성령의 능력으로 전파해야 합니다(엡 2:18; 살전 1:5).

(5) '오직 하나님께 영광': 희생과 봉사의 삶

우리 삶의 목적은 하나님께 영광을 돌리는 데 있습니다. 하나님은 온 천하 만물 가운데 홀로 거룩하시고 홀로 영광 받으실 분이십니다(사 6:3; 롬 11:36). 성자 예수님은 성부 하나님의 영광을 십자가와 부활을 통하여 나타내셨습니다(요 1:14; 히 1:3). 성령 하나님은 예수님을 죽은 자 가운데서 일으키시어 영화롭게 하셨습니다. 또한 우리 양심을 죽은 행실에서 깨끗하게 하시고 살아 계신 하나님을 섬기게 하심으로 하나님께 영광을 돌리셨습니다(롬 1:4; 히 9:14).

우리의 구원은 오직 하나님께서 시작하시고 하나님께서 완성하시는 일입니다. 우리는 믿음을 따라 많이 인내하고 노력해야 합니다. 하지만 이 모든 것이 하나님의 섭리 안에서 하나님의 전적인 은혜와 주권으로 이루어진다는 사실을 반드시 기억해야 합니다.

"깊도다! 하나님의 지혜와 지식의 풍성함이여, 그의 판단은 헤아리지 못할 것이며 그의 길은 찾지 못할 것이로다. 누가 주의 마음을 알았느냐? 누가 그의 모사가 되었느냐? 누가 주께 먼저 드려서 갚으심을 받겠느냐? 이는 만물이 주에게서 나오고 주로 말미암고 주에게로 돌아감이라. 그에게 영광이 세세에 있을지어다. 아멘"(로마서 11장 33-36절).

구원받은 사람은 예수 그리스도를 본받아 십자가와 부활의 삶을 삽니다. 예수 그리스도는 우리의 주님이요, 모범이요, 인도자이십니다. 우리는 그의 말씀을 지키고, 그의 성품을 본받아야 합니다. 우리는 생명을 살리는 복음을 전하기 위해 보냄 받은 그의 제자들입니다. 제자 된 우리는 소금과 빛의 삶을 통해 믿음의 본을 보여야 합니다(마 5:13-16; 벧전 5:3; 딤전 1:16-17; 4:12). 우리 자신의 힘으로는 제자의 삶을 살 수 없습니다. 제자는 자아를 십자가에 못 박고 그리스도의 생명으로 살아야 합니다(갈 2:20).

예수 그리스도를 믿음으로 구원 받은 성도라면 하나님께 영광을 돌리는 삶을 살아야 합니다. 그래서 「웨스트민스터 소요리문답」 제1

신앙도 학문에 아닙니다

문항은 '사람의 제일 되는 목적은 하나님을 영화롭게 하는 것과 그를 영원토록 즐거워하는 것'이라고 규정하고 있습니다.[4)]

로마서 11장 36절은 "이는 만물이 주에게서 나오고, 주로 말미암고, 주에게로 돌아감이라. 그에게 영광이 세세에 있을지어다"라고 선포합니다. 만물의 주권이 하나님께 있기에 모든 성도들은 오직 하나님께 영광을 돌리는 삶을 살아야 합니다. 우리가 지금 받는 고난은 장차 우리에게 나타날 지극히 큰 영광과 비교할 수 없습니다(롬 8:18; 고후 4:17). 십자가와 부활을 믿는 자들은 약속된 영광을 누릴 자(벧전 5:1)로서 삶의 모든 영역에서 하나님께 영광을 돌려야 합니다.

또한 로마서 14장 8절은 "우리가 살아도 주를 위하여 살고, 죽어도 주를 위하여 죽나니, 그러므로 사나 죽으나 우리가 주의 것이로다"라고 말씀하셨습니다. 이 말씀이 모든 성도들의 고백이 되어야 합니다.

"그런즉 너희가 먹든지 마시든지 무엇을 하든지 다 하나님의 영광을 위하여 하라"라는 고린도전서 10장 31절의 말씀과 같이 모든 성도들이 가져야 할 삶의 목적은 오직 하나님께 영광을 돌리는 데 있습니다.

우리가 하나님께 영광을 돌리기 위해서는 날마다 자기 십자가를

---

4) 장종현, 『개혁주의생명신학으로 바라본 웨스트민스터 소요리문답강해』(서울: UCN, 2015), 55.

지고 희생과 봉사의 삶을 살아야 합니다(눅 9:23). 하나님의 영광을 가리는 우리의 실상을 회개하고 그 회개에 합당한 열매를 맺어야 합니다(마 3:8). 하나님의 영광을 위한 거룩한 삶은 하나님의 말씀이 우리를 지배할 때 가능합니다. 예수 그리스도의 영이 말씀을 통해서 나를 지배해야 그 생명이 내 안에 머물고, 나를 통해서 생명의 역사가 나타납니다.

우리는 모든 일에서 하나님께 영광을 돌려야 합니다. 모든 것이 하나님께로부터 왔기 때문입니다. 마치 우리 스스로 일을 다 이룬 것처럼 교만하거나 자랑해서는 안 됩니다.

그러므로 우리는 항상 깨어서 기도해야 합니다. 결코 자만하지 말고, 믿음의 선진들이 그러했듯이, 하나님 앞에 겸손히 무릎 꿇고 기도해야 합니다.

"너희는 세상의 소금이니, 소금이 만일 그 맛을 잃으면 무엇으로 짜게 하리요? 후에는 아무 쓸 데 없어 다만 밖에 버려져 사람에게 밟힐 뿐이니라. 너희는 세상의 빛이라. 산 위에 있는 동네가 숨겨지지 못할 것이요, 사람이 등불을 켜서 말 아래에 두지 아니하고 등경 위에 두나니, 이러므로 집 안 모든 사람에게 비치느니라. 이같이 너희 빛이 사람 앞에 비치게 하여 그들로 너희 착한 행실을 보고 하늘에 계신 너희 아버지께 영광을 돌리게 하라"(마태복음 5장 13-16절).

무엇이 세상 사람들로 하여금 하늘에 계신 하나님 아버지께 영광을 돌리게 합니까? 그것은 우리의 착하고 선한 행실입니다. 사랑과 희락, 화평과 인내, 자비와 양선, 충성과 온유, 그리고 절제라는 성령의 열매입니다. 이런 열매가 있어야 하나님께 영광을 돌릴 수 있습니다.

하나님은 온 세상을 다스리시는 전능하신 하나님이십니다. 그래서 우리는 하나님의 영광을 삶의 모든 영역에서 드러내야 합니다. 정치, 경제, 사회, 문화, 교육, 예술 등 모든 영역에서 착한 행실을 통해 하나님께 영광을 돌리는 삶을 살아야 합니다.

저는 개혁주의를 부르짖는 많은 사람들을 만나 보았습니다. 그런데 개혁주의를 부르짖고 가르치는 사람들이 자기 자신을 개혁하지 못하는 사실에 놀랐습니다. 자기 자신을 개혁하려고 성령님을 의지하여 기도하면서 몸부림치는 모습을 볼 수 없었습니다. 예수 그리스도의 생명으로 충만하여 자기를 부인하고 자기 십자가를 지려는 자기 개혁의 모습이 부족했습니다.

성경대로 믿고, 성경대로 살자는 개혁주의보다 더 좋은 가르침은 없습니다. 그러나 그 가르침대로 살려면, 우리가 예수 그리스도의 영의 지배를 받아야 합니다. 예수 그리스도가 우리 안에, 우리가 예수 그리스도 안에 있어야 합니다. 그러할 때 예수 그리스도의 생명이 우리 안에 역사합니다.

6
신학의 방법

예수 그리스도의 생명을 소유해야 합니다

한국교회가 예수 그리스도의 생명을 풍성히 누리기 위해서는 신실하게 목회하는 사역자, 생명의 말씀을 전하는 사역자, 하나님의 생명의 역사를 이루는 영적 지도자들이 많이 배출되어야 합니다. 영적 지도자는 예수 그리스도의 생명을 소유하여 하나님의 말씀을 생명의 복음으로 선포하는 사람입니다. 한국교회가 생명력을 잃어버린 것은 예수 그리스도의 생명을 소유한 영적 지도자가 점점 줄어가고 있기 때문입니다. 이러한 문제는 영적 지도자를 배출해야할 신학교들이 경건의 훈련보다 학문을 중시한 결과라고 생각합니다.

신학생들이 학문적인 지식을 머리로만 배워서 경건의 능력이 없는 목회자가 된다면, 한국교회는 복음의 능력을 상실하여 결국 영적으로 쇠락할 것입니다. 어떤 목사님의 설교에서 의미 있는 비유를 들은 적이 있습니다. '의사가 수술은 성공했는데, 환자는 죽었다'는 것입니다. 수술의 성패는 의사가 집도를 만족스럽게 했는지 여부에 달려있지 않고 환자의 생명과 회복에 달려있습니다. 신학 교육도 마찬가지입니다. 그 성패는 커리큘럼대로 교수들이 강의하고 학생들이 수업을 잘 들었는지 여부가 아니라 교육을 받고 배출된 목회자들이 성도들의 영혼을 살려내는지 여부에 달려 있습니다. 신학교를 졸업하고, 어떤 분들은 신학박사학위까지 취득하고도, 설교를 제대로 하지 못하고 전도는 아예 하지 못하여 교회를 살리지 못한다면, 수술에 성공했다고 하지만 환자가 죽은 것과 다를 바 없습니다.

신학 교육을 담당하는 신학자는 물론이고 목회자와 신학생은 자신도 모르는 사이에 영적 나태에 빠지는 일이 없도록 스스로에게 항상 다음과 같은 질문을 해야 합니다.

'내가 진정으로 하나님 말씀을 온전한 계시로 믿고, 생명의 능력을 소유하고 있는가? 내 심령은 항상 예수 그리스도의 생명으로 충만한가? 예수 그리스도의 생명을 전하고 싶은 열망으로 가득 차 있는가? 내가 진정으로 목회 현장에서 생명의 역사를 이루는 사역자가 될 것인가? 그렇게 하기 위해서 나는 무엇을 해야 하는가?'

앞으로 신학교는 교육의 성과를 평가할 때 '예수 그리스도의 영적 생명'을 그 기준으로 삼아야 합니다. 신학 교육의 목표는 자신이 인격적으로 만난 예수 그리스도를 더 깊이 알아가며 예수 그리스도의 생명의 복음을 힘 있게 전할 수 있는 영적 지도자를 길러내는 것입니다.

신학 교육의 성과를 평가하는 기준은 단지 학위 과정을 잘 이수했는지에만 있지 않습니다. 성실하게 수업을 잘 듣고, 채플에 잘 참석하는 것은 참으로 중요합니다. 그러나 그것만으로 충분하지 않습니다. 수업시간이 부흥회가 되고, 강의실이 예배당이 되며, 신학교가 성령 충만한 기도원이 되어야 합니다. 그래서 신학교수와 신학생 모두가 예수 그리스도의 생명을 소유하고, 그 생명의 능력으로 복음을 전할 수 있어야 합니다. 복음의 능력, 예수 그리스도의 생명을 소유하여 십자가와 부활의 능력을 체험하고, 그 생명을 나누고 누릴 수 있는 영적 지도자들이 되어야 합니다. 우리 모두가 삶 가운데서 지속적으로 예수님의 생명을 받아 누리는 경건의 훈련을 해야 합니다. 이것이 바로 개혁주의생명신학 실천의 출발점입니다.

(1) 말씀을 듣고 삶으로 실천해야 합니다

야고보서 1장 22절은 "너희는 말씀을 행하는 자가 되고 듣기만 하여 자신을 속이는 자가 되지 말라"라고 말씀하셨습니다. 오늘날 한국 교회에는 말씀이 넘쳐나고 있습니다. 미디어를 통해 수많은 설교자들의 설교를 얼마든지 들을 수 있습니다. 그러나 생명력 있는 성도들을 찾아보기 어렵습니다.

한국교회 초기에는 설교자들이 많지 않았습니다. 선교사님들이 사경회를 자주 인도한 것도 말씀을 들을 수 있는 기회를 가능하면 많이 제공하기 위해서였습니다. 수많은 사람들이 사경회 장소로 가기 위해 먹을 것을 싸들고 며칠씩 걸어가야 했습니다. 잠자리도 불편하고 먹을 것도 넉넉하지 않았지만 사랑과 섬김으로 서로의 필요를 채워주며 생명의 말씀을 들었습니다. 말씀을 듣고 회개하고 기도할 때 사경회 자체가 생명이 역사하는 현장이었습니다. 그렇게 받은 생명의 말씀이 그 힘든 시절을 견뎌내는 능력의 말씀이 되었고, 사경회에서 사명을 받은 사람들이 지속적인 성경공부를 통해 목회자 후보생이 되었습니다. 신학 교육 기간도 충분하지 못했고 변변한 주석이나 신학 서적도 없었지만 그들은 성령 충만한 사역자로 세움 받을 수 있었습니다. 날마다 기도하고 성경 읽기에 힘쓰면서 말씀에 순종하는 삶을 배웠기 때문입니다.

사실 오늘날 신학 교육 방식은 성경에 기초한 것이라고 하기 어렵습니다. 예수님의 제자 교육은 단지 강의실에서만 이루어지지 않았습니다. 유대인들의 제자 교육도 회당에서만 이루어지지 않았습니다. 제자들은 랍비, 곧 그들의 스승에게서 모든 것을 보고 배웠습니다. 스승의 삶 속에서 지혜를 배웠고 생각하고 판단하고 행동하는 것까지도 보고 배웠습니다. 스승과 인격적인 관계 속에서 지식뿐만 아니라,

영성과 인격, 그리고 실제적인 삶을 보고 배운 것입니다.

오늘날 신학 교육은 다른 학문분야와 마찬가지로 지식 교육에 그치고 있습니다. 이러한 신학 교육은 서양의 근대 산업사회 이후 정착된 근대적인 지식 교육에 영향을 받은 것입니다. 교수와 학생이 강의실에서 수업시간에만 만나 교육이 이루어집니다. 교수가 주도적으로 수업을 진행하여 학생들에게 지식을 전달하는 주입식 교육방식인 것입니다.

이런 교육방식에는 학생들이 교수님의 신앙과 삶을 실제로 배울 수 있는 기회가 없습니다. 교수님과 학생들이 깊은 사귐을 통해 서로를 이해하고 신뢰하며, 신앙 안에서 유익이 되는 가르침과 권면을 나누어야 하는데, 실제로 그렇지 못한 것입니다. 요즘 들어 멘토링이나 코칭이란 용어가 점점 확산되는 것은 교육의 방식이 전환되어야 함을 일깨워주는 것입니다. 관계 중심적인 교육을 통해서 지식 전달 뿐 아니라 인격의 형성에도 도움을 주는 교수가 되도록 요청하는 것입니다.

하지만 지금 상태로는 어떤 신학교도 현재의 시스템에서 벗어나지 못할 것 같습니다. 서구식 커리큘럼대로 학생들을 가르치는 것을 사명으로 아는 교수님들이 대부분이기 때문입니다. 성경을 읽을 시간에 전문 서적을 읽는 것이 자신의 사명을 더 잘 감당하는 것이라고 생각합니다. 학문성을 높이는 것을 최고의 역할이라고 생각하는 분들이 신학 교육을 책임지고 있는 한, 신학교에서 경건 훈련을 제대로 받기는 어렵습니다. 교수님들이 먼저 기도로 강의를 준비하고, 신학생들이 찬송과 합심기도로 수업을 준비할 때, 예수 그리스도의 생명이 풍성한 수업이 이루어질 것입니다.

신학교수들이 학생들에게 보여주어야 할 첫 번째 모범은 말씀에 순종하는 것입니다. 성경을 하나님의 유일하고 완전한 계시로 믿고, 그 말씀에 기꺼이 순종할 때 말씀의 권위가 회복될 것입니다. 그들이 가르치는 모든 말씀이 살아 움직이는 생명의 능력으로 나타날 것입니다. 이렇게 성경의 권위를 인정하는 신학교수들에게 신학을 배운 신학생들도 하나님의 말씀에 순종하게 될 것이고, 그들이 졸업하여 교회에서 가르칠 때에도 말로만 가르치는 것이 아니라 순종의 본이 되는 영적 지도자가 될 것입니다. 삶에서 구체적인 실천을 통해 말씀에 순종하는 목회자와 성도들이 많아진다면 한국교회는 다시 부흥하게 될 것이고, 하나님께 영광을 돌리는 거룩한 공동체가 될 것입니다.

그러므로 신학을 가르치고 배우는 가장 좋은 방법은, 하나님의 말씀에 순종하는 것입니다. 하나님을 아는 사람은 하나님을 사랑하고 경외하며, 그분의 말씀에 순종하는 사람입니다. 그래서 참된 신학은 하나님을 경외하는 경건의 신학, 그래서 사람으로 하여금 하나님의 말씀에 순종하게 하는 신학입니다.

"하나님을 사랑하는 것은 이것이니 우리가 그의 계명들을 지키는 것이라"(요한1서 5장 3절).

하나님을 사랑한다는 것은 곧 그의 말씀을 지키는 것입니다. 하나님의 계명에 순종하는 것입니다. 신학을 제대로 한다면, 신학이 단지 우리 머리에 머물지 않고 가슴으로 내려와 우리가 하나님을 뜨겁게 사랑하게 될 것입니다. 그리고 무릎 꿇고 기도하는 무릎의 신학을 통해 자기 십자가를 지고, 날마다 순종하기 위해 몸부림치는 사람이 될 것입니다. 그런 사람이 참으로 신학을 잘 배운 사람입니다. 진정한 신학은 사람을 변화시키는 능력이 있어야 합니다. 하나님 앞에서 무릎 꿇고 기도하게 할 뿐만 아니라 감당할 수 없던 것을 감당할 수 있는 힘도 주시는 것입니다.

신학이 머리에만 머물러 그 사람의 인격과 삶을 바꾸지 못한다면, 그게 무슨 소용이 있겠습니까? 예수 그리스도의 생명이 그 사람 속에 살아서 움직일 때 하나님의 말씀에 순종할 힘이 생기는 것이고, 삶이 변화되는 것이며, 거기서 다른 사람들을 변화시키는 능력이 나오게 되는 것입니다. 베드로의 사역에서 참된 사역자의 이런 모범을 찾을 수 있습니다.

"베드로가 이르되 은과 금은 내게 없거니와 내게 있는 이것을 네게 주노니, 나사렛 예수 그리스도의 이름으로 일어나 걸으라 하고"(사도행전 3장 6절).

베드로에게는 다른 능력이 없었습니다. 그가 성문 앞에 있던 앉은 뱅이를 고칠 때, 무슨 지식이나 학문, 도덕이나 윤리로 고친 것이 아닙니다. 베드로는 은과 금이나 다른 무엇이 아니라 나사렛 예수 그리스도의 이름으로 앉은뱅이를 일으켰습니다. 베드로가 가진 예수 그리스도의 이름이 능력으로 나타난 것입니다. 이름은 그 사람의 인격과 사역을 의미합니다. 베드로가 예수 그리스도의 이름을 의지하여 일어나 걸으라고 선포한 것은 자신이 누리는 예수 그리스도의 생명을 앉은뱅이에게 나누기 위한 것이었습니다. 예수 그리스도를 향한 믿음의 능력이 기적으로 나타난 것입니다. 성령 충만한 베드로는 예수 그리스도, 그 이름의 비밀을 알았습니다. 자신을 위해서 생명을 내어주신 참 사랑을 깨닫고, 성령 충만한 가운데 그 사랑의 힘으로 예수님의 이름을 선포한 것입니다. 바로 이것입니다. 예수님의 생명을 소유한 사람들이 성령 충만하여 예수님의 사랑을 세상으로 흘려보내는 것, 그것이야말로 참된 신학의 실천입니다. 이것이 참으로 하나님을 아는 것이고, 예수님의 생명을 줄 수 있는 사람의 모습입니다.

"그들이 이 말을 듣고 마음에 찔려 그를 향하여 이를 갈거늘 스데반이 성령 충만하여 하늘을 우러러 주목하여 하나님의 영광과 및 예수께서 하나님 우편에 서신 것을 보고 말하되, '보라! 하늘이 열리고 인자가 하나님 우편에 서신 것을 보노라' 한대, 그들이 큰 소리를 지르며 귀를 막고 일제히 그에게 달려들어 성 밖으로 내치고 돌로 칠 새, 증인들이 옷을 벗어 사울이라 하는 청년의 발 앞에 두니라. 그들이 돌로 스데반을 치니 스데반이 부르짖어 이르되, '주 예수여! 내 영혼을 받으시옵소서' 하고 무릎을 꿇고 크게 불러 이르되, '주여! 이 죄를 그들에게 돌리지 마옵소서.' 이 말을 하고 자니라"(사도행전 7장 54-60절).

스데반도 마찬가지입니다. 스데반이 자신을 돌로 치려는 사람들을 위해 "주여! 이 죄를 그들에게 돌리지 마옵소서"라고 기도할 수 있었던 것은 예수님의 희생적 사랑을 본받은 것입니다. 예수 그리스도의 영을 소유한 스데반은 순교의 현장에서 돌에 맞아 죽으면서도 참으로 하나님의 사랑, 예수님의 사랑을 실천하는 사랑의 사람이었습니다. 이것은 예수 그리스도의 영이 그의 속에 있었기 때문에 가능한 것이었습니다. 그는 말씀을 듣고 배웠을 뿐 아니라, 예수 그리스도가 그 안에 함께하시는 지혜와 성령의 사람이었습니다. 예수의 영이 그 안에 거하여 그 말씀대로 실천할 수 있는 순종의 사람이 된 것입니다. 이것이 중요합니다.

우리도 베드로와 스데반 같은 사역자가 되어야 합니다. 하나님의 말씀이 우리의 가슴과 인격에 살아 역사하는 사역자가 되어야 합니다. 하나님의 말씀을 배우는 사역자가 될 뿐만 아니라, 그 말씀에 순종하기 위해 자신을 쳐서 복종시키려고 몸부림치는 영적 지도자가 되어야 합니다.

(2) 예수 그리스도의 십자가와 부활의 능력을 체험해야 합니다

"우리가 항상 예수의 죽음을 몸에 짊어짐은 예수의 생명이 또한 우리 몸에 나타나게 하려 함이라. 우리 살아 있는 자가 항상 예수를 위하여 죽음에 넘겨짐은 예수의 생명이 또한 우리 죽을 육체에 나타나게 하려 함이라. 그런즉 사망은 우리 안에서 역사하고 생명은 너희 안에서 역사하느니라"(고린도후서 4장 10-12절).

　한국교회의 회복을 위해서 가장 필요한 것은 십자가와 부활의 신앙입니다. 한국교회 강단에서 십자가와 부활의 복음 대신 세상의 많은 지식들이 설교되고 있습니다. 그러나 교회가 복음의 능력을 회복하는 길은 성도들이 날마다 자기 십자가를 지고 주님을 따르는 삶을 살아갈 때 가능합니다. 그러기 위해서는 먼저 신학자와 목회자가 십자가와 부활의 능력을 체험하고, 담대히 복음을 선포할 수 있어야 합니다. 신학교부터 변화가 일어나야 합니다. 신학 교육의 핵심은 예수님께서 우리에게 허락하신 생명을 풍성히 경험하는 것이어야 합니다.

　예수님의 생명을 누리기 위해서는 예수 그리스도의 십자가와 부활에 동참해야 합니다. 우리의 자아가 날마다 예수 그리스도의 십자가 앞에서 죽고, 자기 십자가를 지고 예수 그리스도를 따르는 삶을 살아야 합니다. 예수 그리스도를 따라 자신의 십자가를 지는 삶이 없다면, 예수님의 부활의 능력은 우리에게 나타나지 않습니다.

　신학은 단지 지식만을 가르치고 배우는 것이 아닙니다. 생명의 역사와 능력이 없는 신학은 아무 쓸모가 없습니다. 신학생들이 신학 수련을 마치고, 교회로, 선교지로, 세상으로 나가면, 그곳은 목숨을 걸고 싸워야 하는 영적 전쟁터입니다.

하나님의 전신 갑주를 제대로 갖추고 있지 않으면 어느 누구도 마귀의 간계를 능히 대적할 수 없습니다. 성령님의 붙잡아주심이 없으면, 목회자가 다른 사람을 살리기는커녕 오히려 자신의 목숨을 잃을 수 있습니다. 목회자가 생명의 능력을 갖추지 못했는데 어떻게 죽어가는 사람들을 살릴 수 있겠습니까?

그러므로 신학생은 모든 것에 앞서 예수 그리스도의 십자가의 능력을 체험해야 합니다. 성경신학, 조직신학, 역사신학, 실천신학, 그 어떤 신학을 배우든지, 그것을 통해서, 십자가에 달려 죽으심으로 사망 권세를 깨뜨리신 예수 그리스도의 능력을 체험해야 합니다. 예수 그리스도의 십자가에서 함께 죽고, 그리스도 안에서 새로운 피조물로 다시 살리시는 부활의 능력을 체험해야 합니다. 성령의 인도하심을 따라 십자가와 부활을 날마다 경험하며 사는 훈련을 해야 합니다.

그렇게 할 때, 우리는 예수님의 생명을 풍성하게 받아, 그 생명을 전하는 하나님의 도구가 될 수 있습니다. 예수님은 요한복음 12장 24-26절에서 이렇게 말씀하십니다.

"내가 진실로 진실로 너희에게 이르노니 한 알의 밀이 땅에 떨어져 죽지 아니하면 한 알 그대로 있고 죽으면 많은 열매를 맺느니라. 자기의 생명을 사랑하는 자는 잃어버릴 것이요 이 세상에서 자기의 생명을 미워하는 자는 영생하도록 보전하리라. 사람이 나를 섬기려면 나를 따르라. 나 있는 곳에 나를 섬기는 자도 거기 있으리니 사람이 나를 섬기면 내 아버지께서 그를 귀히 여기시리라."

이 말씀에 개혁주의생명신학 실천의 길이 있습니다. 한 알의 씨앗이 땅에 떨어져 죽는다는 것은, 씨앗이 그냥 사라지는 것이 아닙니다. 오히려 씨앗의 생명이 역사하는 것입니다. 씨앗 속에 있는 생명이 싹을 틔우고 자라나서 꽃을 피우고 열매를 맺으려면, 씨앗이 먼저 죽어야 하기 때문입니다.

우리도 마찬가지입니다. 우리 속에 있는 예수님의 생명이 역사하려면, 먼저 육적인 것이 죽어야 합니다. 영적 생명을 살리는 것은 영이요 육은 무익합니다(요 6:63). 성령의 충만하심 가운데 내 육이 죽음으로 영적 생명이 역사하심을 누리는 삶이 참된 신자의 삶이며, 목회자가 추구해야 할 삶입니다. 이렇게 십자가와 부활을 체험하는 삶이 참된 신학 훈련입니다. 우리는 생활 속에서 끊임없이 경건의 훈련을 해야 합니다. 우리 옛 자아는 이미 예수님과 함께 십자가에 못 박혀 죽었습니다. 그러므로 우리의 육적인 것을 십자가의 능력으로 계속 소멸하는 훈련을 해야 합니다.

이런 것이 개혁주의생명신학의 신학 수련입니다. 우리는 예수님을 섬기도록 부름을 받았습니다. 우리가 예수님을 섬기려면, 먼저 예수님을 따라야 합니다. "나를 섬기려면, 나를 따르라." 우리를 위해 십자가에서 죽으신 예수님, 우리에게 영원한 생명을 주시려고 부활하신 예수님, 이 예수님을 배우고, 따르고, 전하기 위해서 지금 우리가 목회자와 신학도의 자리에 있는 것입니다.

우리는 주님을 섬기며 주님을 위해 무엇을 하러 나서기 전에 먼저 예수 그리스도의 십자가와 부활의 능력을 날마다 체험해야 합니다.

(3) 영적 생명을 전하기 위한 훈련을 해야 합니다

"육신을 따르는 자는 육신의 일을, 영을 따르는 자는 영의 일을 생각하나니 육신의 생각은 사망이요 영의 생각은 생명과 평안이니라. 육신의 생각은 하나님과 원수가 되나니 이는 하나님의 법에 굴복하지 아니할 뿐 아니라 할 수도 없음이라. 육신에 있는 자들은 하나님을 기쁘시게 할 수 없느니라. 만일 너희 속에 하나님의 영이 거하시면 너희가 육신에 있지 아니하고 영에 있나니 누구든지 그리스도의 영이 없으면 그리스도의 사람이 아니라"(로마서 8장 5-9절).

영적 생명을 전하는 사명을 받은 사역자는 영의 일을 생각해야 합니다. 생명의 말씀을 선포하는 영적 지도자가 되려면 말씀을 듣기만 하는데 그치는 것이 아니라 그 말씀대로 실천하는 삶을 살아야 합니다. 무엇보다 예수 그리스도의 십자가와 부활의 능력을 체험하고 연단 받는 훈련을 해야 합니다. 그러나 하나님께서 영적 지도자로 우리를 부르신 이유는 그것보다 더 영광스럽고 존귀한 것입니다. 그것은 생명의 복음을 전하는 일입니다. 생명이 생명을 낳습니다. 영적 생명을 소유한 사람만이 영적 생명을 나눌 수 있습니다. 결국 우리의 사역을 통해 영적 생명을 전하고 나누는 일이 일어나지 않는다면 아무 소용이 없습니다.

하나님께서 우리를 부르셔서 맡기시는 일은 다양합니다. 우리는 하나님께서 부르시고 맡겨주신 일에 충성을 다해야 합니다. 어떤 사람은 선교지로, 어떤 사람은 목회의 길로, 또 어떤 사람은 사회 속으로 들어가 전문직에 종사하며 복음을 전하게 하십니다. 다 필요한 일들이고 귀한 일들입니다. 그러나 우리가 무엇을 하든지 우리를 부르신 본질적인 사명은 한 가지입니다. 그것은 예수 그리스도의 생명을 전하는 것입니다. 예수 그리스도의 영적 생명을 성도들의 영혼에 전달하여 영혼이 잘 됨같이 범사가 잘되는 삶을 살아가도록 성도들을 양육하는 것, 그것이 바로 우리의 사명입니다. 예수 그리스도의 생명의 복음을 전하는 점에서 우리 모두는 영적 지도자들이라고 할 수 있습니다.

무엇을 하는 사람이 영적 지도자입니까? 영적 지도자는 자신이 맡은 양 무리에게 영적 생명을 전해주고, 그 생명을 풍성히 누리게 하는 사람입니다. 예수님은 이런 점에서 참된 영적 지도자였습니다.

"내가 온 것은 양으로 생명을 얻게 하고 더 풍성히 얻게 하려는 것이라"(요한복음 10장 10절).

선한 목자이신 예수님이 이 땅에 오신 것은 양 무리와도 같은 우리에게 영적 생명을 주시기 위함입니다. 예수님은 우리로 하여금 영적 생명을 얻게 하고 그 생명을 풍성히 누리게 하시려고 이 땅에 오신 것입니다. 우리가 영적 생명을 받으면, 우리의 삶이 풍요로워집니다. 영적으로 풍요로워질 뿐 아니라, 육적으로도 생명력이 넘치는 삶을 살게 됩니다. 예수님의 인격과 사역을 닮은 영적 지도자가 될 때 영적 생명을 풍성히 받아 누리고 나누는 사역을 할 수 있습니다.

목회는 단순히 프로그램이 아닙니다. 성도들을 즐겁게 해주는 오락이 아닙니다. 교회는 성도들을 모아놓고 그들이 세상적으로 성공할 수 있도록 도와주는 자문 기관도 아닙니다. 단지 성도들에게 교양을 쌓게 하는 교육 기관도 아닙니다. 교회는 예수 그리스도의 몸입니다. 예수 그리스도의 몸으로서 교회는 머리이신 그리스도로부터 생명을 공급받아야 합니다. 하나님의 말씀을 받아 먹어야 하고, 예수 그리스도의 생명으로 풍성하게 채워져야 합니다. 그래야만 건강하게 성장하여 우리가 세상 가운데서 행하도록 하나님이 맡기신 사명을 넉넉히 감당할 수 있습니다.

영적 지도자는 자신이 먼저 예수님의 생명으로 충만해야 합니다. 목회자와 신학생은 그리스도의 영적 생명이 자기 속에 풍성하게 차고 넘치는 사람이어야 합니다. 하지만 목회자는 자신이 영적 생명으로 풍성한 것에 만족해서는 안 됩니다. 주님이 주시는 능력으로 생명의 역사를 일으키고 풍성히 나누어야 합니다. 영적 생명을 전달할 수 있

신앙은 학문이 아닙니다

는 사람이 되어야 합니다. 이웃에게 생명의 복음을 전하는 사람이 되어야 합니다. 영적 생명력을 전달할 수 있는 설교를 할 수 있어야 합니다. 그래서 듣는 사람들이 참으로 회개하고, 눈물을 흘리고 자신의 길을 돌이켜서 살아계신 하나님을 두려워하며 순종하고 사랑할 수 있도록 하나님의 말씀을 생명력 있게 선포해야 합니다.

그렇게 하려면 먼저 사역자 자신이 하나님의 말씀의 능력을 체험해야 합니다. 우리의 자아가 하나님의 말씀에 부딪치고 깨어지고 부서져야 합니다. 하나님의 말씀에 깊이 부딪치고 하나님의 말씀 속에 있는 생명의 성령의 법으로 완전히 깨어져서 죄와 사망의 법에서 해방되어야 합니다.

"이는 그리스도 예수 안에 있는 생명의 성령의 법이 죄와 사망의 법에서 너를 해방하였음이라"(로마서 8장 2절).

저는 요즘 들어 성경 읽기를 더욱 강조하고 있습니다. 깊이 있는 연구와 묵상도 중요하지만 우선 성경을 좀 더 열심히 읽어야 합니다. 성경을 많이 읽다 보면, 그 말씀 속에 있는 성령의 능력이 나를 흔들어 놓습니다. 하나님의 세미한 음성을 듣게 됩니다. 성경을 통하여 말씀하시는 성령님을 만나게 됩니다. 성령님이 내 눈을 열어 죄를 깨닫게 하십니다. 나의 자아는 저항하지만 하나님의 말씀이 계속해서 나를 깨뜨립니다. 이런 과정을 통해서 하나님의 말씀이 나를 위로하시고, 나에게 소망을 주십니다. 나를 용서하시고 깨끗하게 하십니다.

하나님의 말씀이 내 생각을 바꾸어 주십니다.

종교개혁 500주년을 기념하여 열린 한국개혁신학회에서 개회 설교를 하던 중 성령께서 입술에 넣어주신 말씀이 있습니다. 신학자들이 400여 명 모여 있는 자리였는데, 아마도 한국교회를 향하신 하나님의 마음이었다고 생각합니다. 갑작스럽게 머리를 스쳐가는 것이었는데 담대히 외쳤습니다. 그것은 "신학자와 목회자, 신학생들은 신학 저서를 한 시간 읽었다면, 성경을 두 시간 읽어야 하고, 성경을 두 시간 읽었다면 기도를 세 시간 해야 한다"였습니다. 그래야 자신이 아는 지식이 아니라 하나님 말씀의 풍성한 은혜를 경험하게 되기 때문입니다. 이와 반대로 성경 읽기와 기도는 한 시간 하고 신학 책과 주석 읽기를 다섯 시간 한다면 우리는 학문의 지배를 받을 수밖에 없습니다. 지금 한국교회가 말씀 자체의 능력보다 사람을 의지하는 이유가 바로 여기에 있습니다. 사람들의 말과 글에 집중하느라 성경은 뒷전인 경우가 허다합니다. 그렇기 때문에 성령의 역사가 나타나지도 않고 성도들의 삶이 변하되지도 않는 것입니다. 그런 설교는 성도들의 머리에는 와 닿을는지 모르지만 진정한 변화와 생명의 역사를 가져오지는 못합니다.

더 많이 기도하시고 말씀을 더 가까이 하시기 바랍니다. 그렇게 할 때 우리는 성령 충만하고 예수님의 생명이 넘치는 참된 사역자가 될 수 있습니다. 하나님의 사랑으로 가득 찬 사람이 됩니다. 예수님의 사랑을 실천하는 사람이 됩니다. 예수님의 사랑이 무엇입니까? 예수님은 어떤 목자이십니까?

"나는 선한 목자라. 선한 목자는 양들을 위하여 목숨을 버리거니와 삯꾼은 목자가 아니요 양도 제 양이 아니라. 이리가 오는 것을 보면 양을 버리고 달아나나니 이리가 양을 물어 가고 또 헤치느니라. 달아나는 것은 그가 삯꾼인 까닭에 양을 돌보지 아니함이나 나는 선한 목자라. 나는 내 양을 알고 양도 나를 아는 것이 아버지께서 나를 아시고 내가 아버지를 아는 것 같으니 나는 양을 위하여 목숨을 버리노라"(요한복음 10장 11-15절).

우리 모두가 닮기 원하는 예수님은 양들을 위하여 목숨을 버리는 선한 목자이십니다. 하지만 삯군은 양들을 위하여 목숨을 버리지 않습니다. 조금만 어려운 일을 당하면 양을 버리고 달아납니다. 우리의 사역을 통해 성도들이 영적 생명을 얻고 변화하는 역사가 일어나기 위해서는 선한 목자이신 예수님의 사랑이 우리 마음 가운데 있어야 합니다. 그럴 때 비로소 우리가 만나는 영혼들이 영적 생명을 얻고 변화를 받게 됩니다.

복음 사역자는 영적인 수고를 끝까지 감당해야 할 사명이 있습니다. 사람들에게 영원한 생명을 전하고, 그 사람들이 영적 생명이 넘치는 삶을 살 수 있도록, 영적인 해산의 수고를 다해야 합니다. 하나님은 우리를 이 세상의 자랑이나 물질의 이익을 위해, 삶을 위해 일하도록 부르지 않으셨습니다.

신학 교육은 그 열매로 심판 받는다는 사실을 항상 기억해야 합니다. 신학 교육의 열매는 다른 것이 아닌 우리가 섬기는 교회입니다. 머리만의 신학이 아니라 가슴의 신학과 무릎의 신학이 우리 가운데 있어야 합니다. 영적 생명으로 충만한 사람이 진정한 영적 지도자입니다. 우리 자신이 먼저 영적 생명을 풍성히 누리고 우리가 받은 이 영적 생명을 전하는 일에 전심전력해야 합니다. 그렇게 할 때 우리 한국교회가 예수 그리스도의 영적 생명이 풍성히 넘치는 교회로, 사회에서도 신뢰를 회복하여 칭찬받고 인정받는 교회로 거듭나게 될 것입니다.

7
신학의 결과

세상을 바꾸는 것은 지식이 아니라 예수님의 사랑입니다

신학의 결과 즉 신학을 배운 열매는 많은 신학 지식이 아니라 예수님의 사랑이어야 합니다. 하나님의 사랑, 예수님의 사랑이 우리 마음속에 충만해야 신학을 제대로 한 것입니다. 우리는 하나님을 알고 그분의 사랑을 깊이 이해하기 위해 신학을 공부합니다. 그래서 바른 신학을 공부하여 하나님의 사랑을 깨달은 사람은 하나님을 더욱 깊이 사랑하게 되는 것입니다. 단순히 세상적인 지식에 머물지 않고 하나님의 사랑 안에서 살아가는 법을 깨닫게 됩니다. 신학의 결과는 반드시 삶의 변화로 나타나기 때문입니다.

우리가 사랑해야 하는 것은 먼저 하나님께서 우리를 사랑하셨기 때문입니다. 인간을 창조하신 것 자체가 우리를 향한 하나님의 사랑의 표현입니다. 하나님께서는 우리를 사랑하셔서 우리를 하나님의 형상대로 지으시고, 우리와 교제하시며, 우리로 하여금 하나님을 대신하여 세상을 다스리도록 하셨습니다. 생육하고 번성하며 땅에 충만할 뿐 아니라 정복하고 다스리는 권세까지 주셨습니다. 그리고 모든 것이 창조 원리에 따라 하나님의 질서대로 움직이게 하셨습니다. 하나님께서 보시기에 모든 것이 좋았습니다.

그러나 아담의 범죄로 인류는 죄의 영향 아래 살게 되었습니다. 하나님의 형상으로 지음받은 인간, 하나님께서 보시기에 좋았더라고 하신 인간의 모습이 죄로 인해 손상되었습니다. 모든 사람이 죄를 범하여 하나님의 영광에 이르지 못하게 된 것입니다(롬 3:23). 하나님께서는 이런 우리를 긍휼히 여기셨습니다. 우리가 아직 죄인 되었을 때에 우리를 위해 그리스도를 내어주심으로, 우리를 향한 자기의 사랑을 확실히 보여주셨습니다(롬 5:8). 그러므로 우리는 그리스도를 죽은 자 가운데서 살리신 하나님의 뜻을 깨닫고 그 뜻에 순종해야 합니다(롬 6:1-14). 죄에 대하여 죽고 부활의 생명으로 의에 대하여 살아야 합니다. 오직 하나님의 영광을 위해 살아야 합니다. 예수 그리스도의 생명을 얻은 사람은 예수 그리스도의 생명을 나누며 살아야 합니다. 예수 그리스도로 말미암아 생명을 얻었다는 것은 '거듭남'을 의미합니다. 하나님께서 창조 때에 허락하신 영광스러운 모습을 회복한 것입니다. 우리는 이런 사람을 '사람다운 사람'이라고 부릅니다. 하나님께서 우리를 창조하시고 구속하신 은혜를 깨닫고 하나님의 뜻대로 사는 사람입니다.

'사람다운 사람'은 예수 그리스도의 복음을 받아 회개하고 하나님의 뜻대로 살기 위해 몸부림치는 사람입니다. 자신 안에 있는 죄악된 본성과 끊임없이 싸우면서 하나님의 뜻을 이루기 위해 하나님 말씀에 귀를 기울이는 사람입니다.

그렇다면 어떻게 하나님의 형상을 회복한 '사람다운 사람'을 길러낼 수 있습니까? 세상의 지식으로는 사람다운 사람을 만들 수 없습니다. 도덕교육과 윤리교육을 아무리 잘 한다고 해도 예수 생명이 그 속에 거하지 않으면 사람을 거듭나게 할 수 없습니다. 그래서 학교를 설립할 때부터 저는 사람을 변화시키고 영적 생명을 살리는 것은 오직 하나님의 말씀에 의해서만 가능하다고 외쳐왔습니다. 특별히 세상 교육이 아니라 하나님의 말씀을 가르쳐야 할 신학은 오직 성경만이 영적 생명을 살리는 도구임을 인정하고, 말씀 중심의 교육을 실시해야 합니다.

로마서 10장 17절은 "그러므로 믿음은 들음에서 나며 들음은 그리스도의 말씀으로 말미암았느니라"라고 말씀하셨습니다. 우리의 삶이 변화되기 위해서는 믿음이 있어야 합니다. 그런데 그 믿음은 오직 하나님의 말씀을 들을 때 가능합니다. 그리스도의 말씀을 듣고 그 말씀이 우리 삶을 지배할 때 비로소 믿음이 생기는 것입니다. 로마서 1장 16절은 "내가 복음을 부끄러워하지 아니하노니 이 복음은 모든 믿는 자에게 구원을 주시는 하나님의 능력이 됨이라 먼저는 유대인에게요 그리고 헬라인에게로다"라고 말씀하십니다. 복음은 모든 믿는 자에게 구원을 주시는 하나님의 능력입니다. 우리는 복음을 믿음으로 구원을 받는 것입니다.

신학은 반드시 교회를 위한 것이고 구원을 위한 것이어야 합니다. 삼위일체 하나님은 사랑의 공동체이며, 그 사랑 안으로 초대된 사람들이 바로 하나님의 백성입니다. 삼위일체 하나님께서 참된 교제 가운데 하나이신 것처럼 교회는 그리스도 안에서 반드시 하나여야 합니다. 연합과 일치가 있어야 하는 곳이 참된 교회입니다. 사랑에 기초하지 않는 교회는 교회라 할 수 없습니다. 예수 그리스도의 사랑에 기초하지 않는 공동체는 예수 생명을 전하는 사랑을 실천할 수 없습니다. 교회를 살리지 못하고 성도들의 영혼을 메마르게 하는 신학은 복음일 수 없습니다. 성도와 교회의 생명을 살리는 사역자를 양성하지 못하는 신학은 참된 신학이라 할 수 없습니다. 죽어가는 영혼을 살리기 위해 예수 그리스도의 생명의 복음을 전파하는 것이 신학의 참된 목적이라면 신학은 반드시 생명의 복음이 되어야 합니다.

신학은 단지 학문이 아니라, 예수 그리스도의 생명의 복음입니다. 그 복음은 아들 예수 그리스도를 우리를 위해 십자가에 내어주신 하나님의 사랑과 우리의 죄를 대속하시기 위해 십자가 고난을 감당하신 예수 그리스도의 은혜를 우리의 것으로 소유하게 하십니다. 복음은 우리를 죄에서 구원하시는 하나님의 능력입니다. 영적으로 죽은 우리를 다시 살리시는 능력이요, 우리의 영적 능력을 회복하시는 능력이요, 사랑할 수 없는 사람까지도 사랑하게 하시는 능력입니다. 그래서 신학의 완성은 예수님의 사랑이라 할 수 있습니다. 하나님을 안다면, 하나님의 사랑을 아는 것이요, 하나님을 사랑하는 사람이 되는 것입니다. 진정한 사랑에는 언제나 고통이 따르기 마련입니다. 그래서 죽기까지 우리를 사랑하신 예수 그리스도만이 사랑의 참된 계시자입니다. 그리스도의 성육신 자체가 사랑의 증거이며, 하나님 사랑의 완성은 바로 십자가와 부활에서 드러납니다. 십자가와 부활이 사랑의 절정이라는 사실을 인정할 때 사랑은 신학의 차이를 극복할 수 있습니다. 성령께서 우리에게 사랑할 수 있는 힘을 주시며, 모든 것을 사랑 안에서 이해하고 용납할 수 있도록 역사하시기 때문입니다. 그래서 하나님의 사랑은 죄가 있는 곳에서 더욱 드러납니다. 인간의 연약함과 죄에도 불구하고 교회는 하나님의 사랑 안에 있을 때 화목을 누릴 수 있습니다.

요한1서 4장 8절, "사랑하지 아니하는 자는 하나님을 알지 못하나니 이는 하나님은 사랑이심이라."
요한1서 5장 3절, "하나님을 사랑하는 것은 이것이니 우리가 그의 계명들을 지키는 것이라."

하나님을 아는 사람은 하나님을 사랑합니다. 성경과 신학에 대해 아무리 많이 안다 해도 성경 말씀에 순종하여 사랑을 실천하지 않는 사람은 하나님을 알지 못한다는 말씀입니다. 신학의 참된 목적이 하나님을 알고 그분의 뜻에 순종하는 것이라면 반드시 사랑을 실천해야 합니다. 마가복음 12장 33절은 "또 마음을 다하고 지혜를 다하고 힘을 다하여 하나님을 사랑하는 것과 또 이웃을 자기 자신과 같이 사랑하는 것이 전체로 드리는 모든 번제물과 기타 제물보다 나으니이다"라고 말씀하셨습니다. 우리의 마음과 지혜, 힘을 다해 하나님을 사랑해야 합니다. 그리고 하나님 사랑의 힘으로 이웃을 우리 자신과 같이 사랑해야 합니다. 그리고 그리스도의 사랑을 겸손하게 온 세상에 전해야 합니다. 예수 그리스도께서 하나님을 사랑하고 이웃을 사랑하라는 명령을 우리에게 주신 것은 그것이 하나님의 뜻이기 때문입니다. 하나님을 사랑하는 사람은 서로 사랑하라는 하나님의 계명을 지킵니다. 하나님 사랑과 이웃 사랑을 실천하지 않는 사람은 하나님을 올바로 알지 못합니다. 하나님을 사랑하지 않는 사람이 참된 신학을 하지 못하는 이유가 여기에 있습니다. 세상을 바꾸는 것은 지식이 아니라 예수님의 사랑입니다. 하나님을 올바로 알고 하나님 사랑과 이웃 사랑을 실천하는 것입니다.

그런데 오늘날 신학을 한다고 하면서, 그것도 보수정통 신학을 한다고 하면서도 서로 사랑하지 못하는 이들이 매우 많습니다. 탐욕의 죄를 짓고, 서로 용서하지 못하고, 시기와 다툼으로 세상의 비방거리가 되는 일이 매우 많습니다. 모두 우리 자신의 부덕(不德)이요, 우리의 죄악입니다. 다른 사람을 사랑하지 못하는 우리 자신의 죄를 먼저 회개하고, 서로 사랑하고 섬기라는 하나님의 말씀에 순복하여 우리 잘못에서 돌이킨다면 한국교회는 되살아날 것입니다.

신학을 가르치고 배우는 사람이라면 자신의 생명까지 바쳐 사랑하시는 예수님의 인격을 닮아야 합니다. 에베소서 5장 2절은 "그리스도께서 너희를 사랑하신 것 같이 너희도 사랑 가운데서 행하라 그는 우리를 위하여 자신을 버리사 향기로운 제물과 희생제물로 하나님께 드리셨느니라"라고 말씀하십니다. 예수님께서는 자신이 우리를 사랑하신 것 같이 우리도 서로 사랑 가운데서 행하라고 명령하십니다. 우리를 위해 자신을 기꺼이 버리셨던 것처럼 우리도 이웃을 위해 향기로운 제물과 희생제물이 되라고 말씀하십니다. 우리가 행하는 사랑은 하나님께 드리는 향기로운 제물이 된다는 뜻입니다. 자신의 욕심을 채우기 위해 이웃들에게 상처를 주는 사람이 아니라 스스로를 내어줄 수 있는 희생의 사람이 되라는 말씀입니다.

우리는 예수님께서 베풀어주신 사랑을 다른 사람에게 흘려보냄으로써 예수님의 무조건적 사랑을 실천할 수 있는 사람이 되어야 합니다. 원수까지 사랑하신 예수님의 사랑은 모든 것을 넉넉히 품는 바다와 같습니다. '해불양수'(海不讓水)라는 말이 있습니다. '바다는 어떤 물도 사양하지 않는다'라는 뜻입니다. 바다는 자신에게로 흘러 들어오는 물을 모두 받아들입니다. 깨끗한 물이든, 더러운 물이든 거절하는 법이 없습니다. 그런데 더러운 물이라 할지라도 거대한 바다 속에 들어오면 모두 정화(淨化)됩니다. 어떤 죄인이라도 예수님 안에 있으면 죄인을 정결케 하시는 예수님의 능력으로 의롭고 거룩하게 됩니다. 죄에서 자유하게 하는 선물을 받게 됩니다. 요한복음 8장 31-32절, "너희가 내 말에 거하면 참으로 내 제자가 되고 진리를 알지니 진리가 너희를 자유롭게 하리라." 시편 56편 13절, "주께서 내 생명을 사망에서 건지셨음이라. 주께서 나로 하나님 앞, 생명의 빛에 다니게 하시려고 실족하지 아니하게 하지 아니하셨나이까?" 바로 이것이 우리를 죄에서 자유롭게 하시는 예수 그리스도의 참된 생명이요 사랑입니다.

그 사랑은 죄인과 원수까지도 마다하지 않는 사랑입니다. 나만 정통(正統)이라고 말하며 다른 사람들을 쉬이 정죄하는 것이 아니라, 부족하고 나약한 사람들까지도 받아들이고 품고 바로 세우는 사랑입니다. 원수까지도 사랑하라는 하나님의 뜻을 이루어가는 사랑입니다. 누가복음 5장 32절은 "내가 의인을 부르러 온 것이 아니요 죄인을 불러 회개시키러 왔노라"라고 말씀하셨습니다. 신학은 우리의 의를 자랑하는 것이 아니라, 영벌을 받을 수밖에 없는 죄인인 우리에게 베풀어주신 하나님의 사랑을 선포하는 것입니다. 죄인이 하나님의 사랑을 알고 자신의 죄를 회개하고 하나님께로 돌이키게 하는 것입니다. 그러할 때 죄인은 영원한 죽음에서 벗어나 영원한 생명으로 옮겨지는 것입니다. 우리의 죄를 대속하시기 위해 십자가에서 보혈을 흘리신 예수님의 사랑이 이를 가능하게 했습니다. 그래서 예수님의 사랑만이 세상을 살리고 바꿀 수 있는 것입니다. 우리는 우리의 인격과 삶을 통해 예수님의 사랑을 세상에 흘려보내야 합니다.

사랑할 수 있는 사람만 사랑한다면, 참된 교회를 이룰 수 없습니다. 교회의 머리이신 예수 그리스도는 사랑할 수 없는 사람까지도 사랑하라고 하시기 때문입니다. 용서할 수 있는 것만 용서한다면, 예수님의 뜻, 하나님의 뜻을 이룰 수 없습니다. 우리를 향한 예수님의 뜻은 원수까지도 사랑하는 것입니다. 마태복음 5장 43-44절, "네 이웃을 사랑하고 네 원수를 미워하라 하였다는 것을 너희가 들었으나 나는 너희에게 이르노니 너희 원수를 사랑하며 너희를 박해하는 자를 위하여 기도하라." 참된 사랑은 사랑할 수 없는 것을 사랑하고, 용서할 수 없는 것을 용서하며, 덮어줄 수 없는 것을 덮어주는 것입니다.

예수님의 이러한 사랑을 실천하려면, 자기를 부인하고 자기 십자가를 져야 합니다. 우리의 이기적 자아는 원수를 사랑하기는커녕 용서하지도 못하기 때문입니다. 누가복음 14장 27절, "누구든지 자기 십자가를 지고 나를 따르지 않는 자도 능히 내 제자가 되지 못하리라." 우리가 예수님을 본 받아 우리 자신의 십자가에 우리의 자아를 못 박을 때 예수님의 제자가 됩니다. 하나님께서는 이렇게 우리를 변화시키고 교회를 변화시키고, 세상을 변화시키십니다. 우리도 십자가를 지나 부활의 영광에 이르신 예수님처럼 부활의 영광에 참여하게 될 것입니다. 우리가 십자가에서 우리 죄에 대해 죽을 때에 하나님께서 우리를 하나님에 대해 다시 살아나게 하실 것입니다. 히브리서 12장 2절, "믿음의 주요 또 온전하게 하시는 이인 예수를 바라보자. 그는 그 앞에 있는 기쁨을 위하여 십자가를 참으사 부끄러움을 개의치 아니하시더니 하나님 보좌 우편에 앉으셨느니라." 십자가의 수치를 개의치 않으신 예수님을 본 받아 십자가의 희생과 수치를 견디어낸다면 우리도 예수님처럼 하나님 나라에서 왕 노릇할 것입니다. 디모데후서 2장 11–12절, "우리가 주와 함께 죽었으면 또한 함께 살 것이요 참으면 또한 함께 왕 노릇 할 것이요." 우리 모두, 나 자신부터 시작해서 이웃과 세상을 예수님의 사랑으로 변화시키는 하나님의 귀한 종이 되기를 축원합니다.

우리가 하나님 말씀을 통해 참된 신학을 할 수 있게 된 것을 깊이 감사드립시다. 신학을 배우고 체험할 수 있는 기회를 주신 에벤에셀의 하나님을 찬송하고 모든 영광을 하나님께 돌려드립시다. 우리 모두 원수까지도 사랑하셔서 자신의 생명을 내어주시는 예수 그리스도의 인격과 성품을 닮아갑시다. 요한복음 13장 34절, "새 계명을 너희에게 주노니 서로 사랑하라 내가 너희를 사랑한 것 같이 너희도 서로 사랑하라." 예수님께서 주신 새 계명, 즉 사랑의 계명에 온전히 순종하는 충성스러운 종으로서 예수 그리스도의 생명으로 충만하여 그 생명을 세상에 흘려보내는 사역자가 됩시다.

이 시대에 개혁주의 신앙대로 성경만을 따르고 순종하며, 오직 그리스도, 오직 믿음, 오직 은혜의 삶으로 오직 하나님께 영광을 돌리는 우리 모두가 되기를 바랍니다. 영적으로 무너져가는 한국교회에 개혁주의생명신학을 통해 예수 그리스도의 생명을 회복함으로, 이 땅의 모든 교회를 예수 그리스도의 생명으로 새롭게 하시길 바랍니다. 우리 사회와 온 세상이 그리스도의 생명으로 충만하여 하나님의 나라가 하늘에서 이루어진 것처럼 이 땅에서도 이루어지는 일에 삼위일체 하나님께서 우리를 기꺼이 사용하여 주시길 간절히 기도드립니다.

제2부

신학은 예수 그리스도의
생명의 복음입니다

신학은 예수 그리스도의
생명의 복음입니다

　신학은 학문이 아니라 예수 그리스도의 생명의 복음입니다. 개혁주의생명신학이 한국교회 개혁을 위해서 가장 먼저 해결해야 할 과제는 사변화된 신학을 참된 신학으로 회복하는 것입니다. 신학이 성경을 하나님의 완전한 계시로 믿고 그 말씀에 순종하는 신학이 될 때 교회가 개혁될 수 있기 때문입니다. 이러한 생각은 종교개혁자들에게서도 동일하게 발견됩니다. 사변적이고 현학적인 신학이 아니라 하나님의 말씀으로 삶을 변화시키는 신학을 할 때 그리스도의 몸된 교회는 예수 그리스도의 생명력을 회복할 수 있습니다.

우리는 앞서 "신학은 학문이 아닙니다"라는 주제를 살펴보았습니다. 플라톤이 처음 사용한 '테올로기아'가 기독교 '신학'을 가리키는 용어가 되기까지의 과정을 확인할 수 있었습니다. 시간이 흘러감에 따라 신학은 점점 학문화 되었고, 중세대학이 설립되던 시기에 의학, 법학, 신학이 대학의 분과 학문으로 자리 잡으면서 더욱 사변화 되었습니다. 종교개혁자들은 교회의 권위와 전통을 성경보다 앞세운 중세교회를 향해 사변화된 신학을 버리고 오직 성경으로 돌아가야 한다고 외쳤습니다. 종교개혁자들의 숭고한 신앙으로 교회는 개혁되었습니다. 하지만 근대 계몽사조가 인간 이성을 진리의 절대적 기준으로 삼아 성경을 경시하므로 신학이 성경에서 더 멀어지게 되었습니다. 결국 신학이 학문적으로 점점 발달할수록 교회는 문을 닫는 기이한 현상이 나타났습니다. 한국교회에 복음을 전파해준 미국과 유럽 교회의 예배당들이 극장이나 식당으로 바뀔 정도로 미국과 유럽의 교회들은 쇠퇴하고 있습니다. 안타깝게도 우리 한국교회 역시 서구교회의 이런 전철을 밟고 있습니다.

1980년 우리나라 신학대학원들이 교육부 인가를 받은 후 규정요건을 맞추기 위해 박사 학위 소지자들을 찾게 되면서 해외에서 박사학위를 받은 분들이 대거 신학대학원의 강단을 채우게 되었습니다. 학문을 중시하는 신학자들은 자신들이 배운 신학을 전수하는 것을 사명으로 알고 열심히 가르쳤지만 이분들에게 배운 목회자들이 배출되면서 한국교회는 점점 힘을 잃어갔습니다. 경건한 신학자라는 기준보다 학위요건을 더 중시한 결과였습니다. 신학대학원을 졸업하고도 개척은 하지 못하는 신학생들이 대거 배출되었습니다. 신학교를 다닐 때 이미 개척을 시작했던 이전 신학생들과는 너무나 다른 모습입니다. 돌아보면, 한국교회 초기 선배 목사님들은 변변한 주석 한 권 없었지만 성경만 붙들고 하나님을 의지함으로 능력 있게 사역을 감당했습니다. 하나님의 세미한 음성을 듣기 위해 설교단과 골방에서 기도했습니다. 기도원에서 금식하며, 때로는 차디찬 마루에서 밤을 새우며 기도했습니다. 그래서 교회는 부흥할 수 있었습니다.

오늘날 목회자들의 학력은 높아졌지만 목회의 능력은 나타나지 않습니다. 생명을 살리는 능력이 나타나지 않습니다. 신학 지식은 차고 넘치는데 성령의 능력은 약화되고 말았습니다. 우리 속에 예수 그리스도의 생명이 없기 때문에 생명의 역사가 일어나지 않는 것입니다. 내가 그리스도 안에, 그리스도가 내 안에 사셔야 역사가 일어납니다. 십자가와 부활의 복음이 선포되기보다 인간의 학문과 지식이 지배하는 교회에서는 복음의 능력이 나타날 수 없습니다. 성도들의 귀는 만족시켜 주지만 성도들의 영혼은 메말라 가는 것입니다.

그래서 개혁주의생명신학은 예수 그리스도의 생명의 복음이 신학교 강단에서부터 역사해야 한다고 외칩니다. 성경의 진리보다 자신이 배운 신학을 앞세우는 잘못을 바로잡고 성경에 기초한 계시 중심의 신학으로 돌아가야 한다고 강조하는 것입니다. 신학은 생명을 살리는 복음이 될 때 비로소 영향력이 생깁니다. 단지 새로운 이론이나 학설을 만드는 것이 아니라 생명을 살리는 삶의 변화를 일으켜야 하는 것입니다. 이런 의미에서 신학은 학문이 아니라 예수 그리스도의 생명의 복음인 것입니다.

신학이 예수 그리스도의 생명의 복음임을 보이기 위해 염두에 둔 질문들은 다음과 같습니다. 첫째, "왜 개혁주의생명신학인가?" 둘째, "왜 신학이 복음이어야 하는가?" 셋째, "왜 예수 그리스도가 신학의 중심인가?" 이 질문들에 답함으로 왜 신학이 학문이 아니라 예수 그리스도의 생명의 복음인지 설명할 것입니다.

1
"왜 개혁주의생명신학인가?"

개혁주의생명신학(Reformed Life Theology)은 개혁주의신학(Reformed Theology)에 예수 그리스도 생명을 회복하기 위해 시작되었습니다. 개혁주의생명신학이 강조하는 '생명'은 예수 그리스도의 생명이요, 영적 생명을 의미합니다.

개혁주의신학은 16세기 종교개혁자들의 신학을 계승한 것입니다. 개혁주의신학이 가장 성경적인 신학인데 왜 개혁주의생명신학이 필요하냐고 말씀하시는 분들도 있습니다. 개혁주의생명신학은 무너져가는 한국교회 현실을 바라보면서 한국교회 회복을 위하여 기도하는 가운데 시작되었습니다. 지금 한국교회 현실은 암담합니다. 교회의 위기가 심각하지만 그 가운데서도 가장 안타까운 것은 그리스도의 몸 된 교회를 이끌어갈 다음세대들이 사라지고 있는 것입니다. 이런 상황에서 성경이 제시하는 교회 개혁의 길을 찾고 해답을 찾기 위해 무릎 꿇고 기도한 결과가 바로 개혁주의생명신학입니다.

개혁주의신학을 유산으로 받은 한국교회는 세계 선교 역사에 유래가 없을 정도의 놀라운 부흥을 경험했습니다. 하지만 선교 130여 년 만에 우리의 죄와 허물로 인해서 후손들에게 영광스러운 교회를 물려줄 수 없게 되었습니다. 교회 분열과 교권주의, 물질만능주의와 세속화에 빠져 교회의 본질이 흐려지고 영적 능력을 상실했기 때문입니다. 하나님의 뜻을 따라 성경 말씀에 순종해야 함에도 불구하고 자기 생각, 자기 신념을 하나님의 뜻보다 앞세우다 보니 예수 그리스도의 생명이 역사하지 않고 영적 생명을 상실한 것입니다.

중세교회가 예수 그리스도의 복음을 왜곡하였을 때 성령께서는 종교개혁자들을 일으켜 교회를 바른 길로 돌아오게 하셨습니다. 종교개혁 이후의 교회도 위기마다 성경으로 다시 돌아감으로 개혁되어왔습니다. 개혁된 교회는 성령과 말씀의 인도하심에 따라 항상 개혁되어야 합니다.

하나님의 은혜로 한국교회는 부흥과 성장을 경험하며 국가 발전과 세계 선교에 공헌했습니다. 그러나 이제는 그럴 수 없게 되었습니다.

한국교회가 영적 생명을 잃어버렸기 때문입니다. 일부 목회자와 신학자들의 영적 타락으로 인해 사회적 지탄을 받고 있으며, 생명을 살리는 복음적 설교가 사라지고 있습니다. 성도들도 십자가와 부활 그리고 내세 소망이 없는 세속적 설교에 길들여져 그 삶에 참된 회개와 삶의 변화가 나타나지 않습니다. 이 모든 문제의 출발점에 잘못된 신학이 있습니다.

중세교회가 성경보다 교황의 권위와 교회의 전통을 앞세운 것이 문제였다면, 오늘날의 교회는 신학 자체를 성경보다 더 신봉하는 것이 문제입니다. 하나님을 학문의 대상으로 삼은 것 자체가 문제인 것입니다. 피조물인 인간은 영이신 창조주 하나님을 학문의 대상으로 삼을 수 없습니다. 신학자들이 성령의 음성에 순종하기보다 학문만을 추구한 결과, 교회를 섬겨야 할 신학이 성경에서 떠나 사변화되고 말았습니다.

참된 신학은 성령의 도우심으로 하나님과 예수 그리스도를 인격적으로 아는 것입니다. 성령의 역사하심을 통해 예수 생명을 충만히 누리는 것입니다. 내 안에 예수 그리스도의 생명이 살아 있어야 하는 것입니다. 성령의 인도하심을 받지 않는 신학에는 예수 그리스도의 생명이 없습니다. 신학은 학문이 아닙니다. 예수 그리스도의 생명의 복음입니다.

중세교회는 교황의 권위와 교회의 전통을 성경 위에 두는 죄를 범했습니다. 종교개혁자들은 이러한 잘못에 맞서 '5대 솔라'의 신앙 원리를 정립했습니다. '5대 솔라'는 '오직 성경,' '오직 그리스도,' '오직 믿음,' '오직 은혜,' '오직 하나님께 영광'입니다. 이는 성경에 근거한 가르침으로 개혁주의신학의 핵심입니다. 그러나 오늘날 개혁주의신학은 종교개혁의 정신을 잃어버렸습니다. 학문과 교리는 붙들면서도 말씀에 순종하는 삶은 소홀히 함으로 복음의 생명력을 약화시켰습니다.

개혁주의신학이 예수 그리스도의 생명을 회복하도록 우리는 '개혁주의생명신학'을 주창하고 실천해 왔습니다. 개혁주의생명신학은 새로운 신학이 아닙니다. 개혁주의생명신학은 자신과 교회와 세상을 말씀에 비추어 보아 그릇된 것은 바로잡고 올바른 것은 계승하는 개혁주의신학을 따릅니다. 개혁주의생명신학은 하나님의 말씀 가운데 나타나는 예수 그리스도의 생명의 역사가 회복되기를 소망하며, 이를 위해 성령의 인도하심을 따라 먼저 말씀과 기도 가운데 자신을 개혁하고, 교회를 예수 그리스도의 생명으로 새롭게 하며, 세상을 예수 그리스도의 복음과 사랑으로 변화시키려 합니다.

사도들로부터 계승되어 온 건전한 전통을 따르는 교부들과 우리 신앙 선배들은 '과연 우리 신앙과 우리가 섬기는 교회가 성경적인가?'에 대해 끊임없이 묻고 답을 해왔습니다. 개혁주의신학도 중세교회가 교회 전통과 자신들이 전수받은 교리를 성경보다 앞세운 잘못에 맞서 성경의 권위를 회복한 운동입니다. 이런 의미에서, 종교개혁을 통해 성립된 개혁주의신학은 완전한 신학 체계로 제시된 것이 아니라 성경에 비추어 보아 올바른 것은 계승하고 잘못된 것은 언제든지 개혁하겠다는 의지를 담고 있습니다. 개혁된 교회는 성령과 말씀의 인도하심에 따라 항상 개혁되어야 하기 때문입니다.

2019년은 개혁교회 종교개혁 500주년이 되는 해였습니다. 1519년 스위스 취리히에서 울리히 츠빙글리(Ulrich Zwingli, 1484-1531)가 개혁을 시작한 것입니다. 그렇다면 개혁교회와 개혁주의신학의 역사는 500여 년이라고 할 수 있습니다. 하지만 개혁주의신학을 '성경을 바탕으로 한 신학 체계'로 정의한다면, 역사적 개혁주의 이전에도 개혁주의신학의 요소들이 교회 역사 안에 있었고, 그런 의미에서 개혁주의신학의 기원은 훨씬 더 이른 시기로 거슬러 올라갈 수 있습니다. 개혁주의신학의 뿌리를 찾고자 하는 이러한 노력은 초대교회 교부였던 아우구스티누스(Augustinus, 354-430), 그리고 좀 더 멀리 이레나이우스(Irenaeus, 130년경-202년경)까지 거슬러 올라갈 수 있을 것입니다. 이레나이우스나 아우구스티누스는 성경에 기초한 신학을 했다는 점에서 개혁주의신학의 선구자라 할 수 있을 것입니다.

개혁주의생명신학은 성경을 기준으로 삼는 개혁주의신학 전통을 그대로 계승합니다. 개혁주의생명신학은 한국교회가 '오늘 여기'라는 현장에서 정말 성경적인지에 대해 고민하며 제시한 방안이라 할 수 있습니다. 2010년 5월 21일 백석전진대회에서 4만 여 명의 성도들과 목회자, 신학자와 신학생들이 백석학원과 백석총회의 신학적 근간으로 '개혁주의생명신학'을 선포한 뒤, 2017년 9월 14일 종교개혁 500

주년을 기념하여 백석총회가 「개혁주의생명신학 선언문」(교회선언)을 총회 신앙고백으로 채택하기까지 개혁주의생명신학은 성경을 기준으로 한국교회 연합과 일치에 힘쓰며 한국교회를 향하신 하나님의 선하신 뜻을 이루기 위해 전진해왔습니다.

개혁교회 역사 가운데 수많은 신앙고백들이 있는데, 왜 또 하나의 신앙고백을 더 해야 합니까? 개혁교회는 시대와 상황에 따라 1561년 「벨기에 신앙고백서」와 1563년 「하이델베르크 교리문답」, 1619년 「도르트 신경」, 1647년 「웨스트민스터 신앙고백서」를 주축으로 하여 수많은 신앙고백들을 발표하였습니다. 개혁교회는 루터교회보다 훨씬 많고 다양한 신앙고백들을 가지고 있습니다.

개혁교회가 시대와 장소, 상황에 따라 이처럼 다양한 신앙고백을 하는 이유는 개혁교회가 항상 개혁되는 교회라는 데 있습니다. 개혁교회는 교회의 역사 가운데 만들어진 신앙고백들을 그대로 받아들이고 반복하는 것으로 끝나지 않습니다. 지금도 개혁교회는 각 시대 상황이 주는 수많은 도전에 맞서 성경적 신앙을 늘 새롭게 고백합니다. 이런 의미에서 개혁교회는 과거에 묶여 있는 교회가 아니라, 성령의 도우심을 받아 계속 개혁됨으로 영적 생명을 유지하는 교회입니다.

2017년 9월 14일 백석총회가 채택한 「개혁주의생명신학 선언문」이 한국교회에 주는 메시지는 분명합니다. 「개혁주의생명신학 선언문」은 장로교를 비롯한 모든 교파들이 수용할 수 있는 '종교개혁의 5대 솔라'를 현재적 의미로 재해석하는 일에 많은 노력을 기울였습니다. 한 국교회의 가장 심각한 문제인 분열과 세속화의 문제를 풀어갈 성경적 해결 방안을 제시하려 한 것입니다.

또한 종교개혁자들이 해법으로 제시한 성경적 원리를 오늘의 한국 교회가 처한 상황에 맞게 새롭게 조명하였습니다. 종교개혁자들이 교회를 개혁할 수 있었던 것은 신학적 원리가 아니라 성경적 원리를 따랐기 때문입니다. 우리도 한국교회 개혁을 위한 대안을 신학 책에서 가 아니라 성경에서 찾아야 합니다.

「개혁주의생명신학 선언문」에 제시한 '5대 솔라'와 그 부제들은 전통적 '5대 솔라'를 현재 상황에 맞게 재해석한 것으로 다음과 같습니다.

'오직 성경: 성경을 통하여 말씀하시는 성령,' '오직 그리스도: 십자가와 부활의 삶,' '오직 믿음: 순종하는 믿음과 기도,' '오직 은혜: 용서와 화해의 복음,' '오직 하나님께 영광: 희생과 봉사의 삶.'

종교개혁자들의 '5대 솔라'는 500년 전에만 효력이 있었던 것이 아니라 성경을 기준으로 살아가는 오늘 우리에게도 여전히 능력 있는 신앙의 원리임을 재발견했습니다. 단지 종교개혁자들의 신앙을 대변하는 구호에 그치지 않고 우리의 삶 가운데서 살아내야 할 하나님의 생명력 있는 말씀임을 확인한 것입니다.

개혁주의신학이 아무리 좋다 해도 그 속에 예수 그리스도의 생명이 없다면 사람을 살리는 신학이 되지 못합니다. 오늘날 개혁주의신학을 표방하는 많은 교회와 신학교가 "개혁된 교회는 항상 개혁되어야 한다"고 주장합니다. 그러나 예수 그리스도의 생명이 없으므로 영적인 열매를 맺지 못하고 있습니다.

모두가 개혁해야 한다고 주장하지만 실제로 개혁은 이루어지지 않고 있습니다. 그 이유가 무엇입니까? 로마서 7장 18-20절은 "내 속 곧 내 육신에 선한 것이 거하지 아니하는 줄을 아노니 원함은 내게 있으나 선을 행하는 것은 없노라. 내가 원하는 바 선은 행하지 아니하고 도리어 원하지 아니하는 바 악을 행하는도다. 만일 내가 원하지 아니하는 그것을 하면 이를 행하는 자는 내가 아니요 내 속에 거하는 죄니라"라고 말씀하십니다. 머리와 입술로 아무리 개혁주의신학을 주장하고 개혁을 외친다고 해도, 우리 안에 있는 죄악의 본성으로 인해 우리 힘으로는 죄를 이길 수 없다는 말입니다.

예수님이 내 안에 거하시지 않고, 육체의 욕심이 나를 지배할 때 개혁은 일어날 수 없습니다. 개혁주의생명신학은 내 안에 예수 그리스도의 생명을 회복하여 그 생명으로 개혁주의신학을 실천하려는 운동입니다. 요한복음 15장 5절은 "나는 포도나무요 너희는 가지라. 그가 내 안에, 내가 그 안에 거하면 사람이 열매를 많이 맺나니 나를 떠나서는 너희가 아무것도 할 수 없음이라"라고 말씀하십니다. 예수님이 우리 안에 거하시지 않으면, 우리는 어떠한 열매도 맺을 수 없고,

아무 것도 할 수 없습니다.

빌립보서 1장 21절은 "내게 사는 것이 그리스도니 죽는 것도 유익함이라"라고 말씀하십니다. 영원한 생명이신 예수 그리스도께서 내 안에 사시면, 죽음도 이길 수 있습니다. 고린도전서 15장 55-58절은 "사망아 너의 승리가 어디 있느냐? 사망아 네가 쏘는 것이 어디 있느냐? 사망이 쏘는 것은 죄요 죄의 권능은 율법이라. 우리 주 예수 그리스도로 말미암아 우리에게 승리를 주시는 하나님께 감사하노니 그러므로 내 사랑하는 형제들아 견실하며 흔들리지 말고 항상 주의 일에 더욱 힘쓰는 자들이 되라. 이는 너희 수고가 주 안에서 헛되지 않은 줄 앎이라"라고 말씀하십니다. 사망 권세를 이기고 죽음도 호령할 수 있는 것은 우리가 믿음으로 예수 그리스도 안에 있을 때만 가능합니다.

개혁은 우리 속에 예수 그리스도의 생명이 있을 때 가능합니다. 개혁은 머리나 말로 되는 것이 아니라 오직 예수님 안에 내가, 예수님이 내 안에 계실 때 가능합니다. 예수님의 생명을 가진 자만이 개혁주의 신학을 실천할 수 있습니다. 개혁주의신학에 예수 그리스도의 생명이 회복 되도록 하기 위해 개혁주의생명신학이 필요합니다. 그래서 우리의 신학은 개혁주의신학을 실천하기 위한 개혁주의생명신학입니다.

2

"왜 신학이 복음이어야 하는가?"

신학은 성경의 가르침을 체계화한 것입니다. 성경을 기록하신 목적은 하나님의 아들 예수 그리스도를 믿게 하는데 있습니다. 그러므로 신학을 체계화할 때 그 방향은 예수 그리스도를 믿게 하는 것이어야 합니다. 신학은 구원을 주는 신학, 영생을 주는 신학이 되어야 합니다. 예수 그리스도를 믿어야 구원을 받고 영생을 누릴 수 있기 때문입니다.

신학은 학문이 아닙니다. 예수 그리스도의 생명의 복음입니다. 신학이 복음이라고 하면 '복음주의'를 떠 올리는 분들이 있을 수도 있습니다. 그러나 개혁주의신학, 특히 종교개혁자들에게서 시작된 16세기 개혁주의신학은 복음주의와는 차이가 있습니다. 복음주의는 개인의 회심과 신앙을 강조하는 반면 개혁주의신학은 언약과 하나님 나라에 대하여 더 많은 관심을 갖습니다. 개혁주의신학은 하나님의 절대주권 아래 성경을 구속사적인 관점에서 이해하고, 구원의 복음을 주신 하나님의 사랑과 그 사랑에 합당한 경건한 삶으로서의 순종을 강조합니다.

복음이 무엇입니까? 복음은 우리를 구원하시기 위하여 십자가에서 돌아가시고 부활하신 예수 그리스도를 믿을 때 구원을 받게 된다는 복된 소식입니다. 이 복음은 하나님께서 일찍이 약속하신 것으로 하나님의 전적인 은혜로 우리에게 주어집니다. 우리가 이 복음을 받을 때 평안을 누리고 하나님께 영광을 돌리며 천국의 삶을 맛 볼 수 있습니다. 이 땅에서 우리가 맛보는 복음은 영원한 것입니다. 이 복음을 나의 복음으로 누릴 뿐 아니라 우리의 복음으로 전해야 할 사명이 있는 것입니다.

성경은 복음을 다양하게 표현하고 있습니다. '하나님의 복음'(롬 1:1; 살전 2:2; 계 10:7), '그리스도의 복음'(막 1:1; 롬 1:9; 빌 1:27), '하나님 나라의 복음'(마 4:23; 마 24:14; 눅 4:43; 눅 16:16), '구원의 복음'(엡 1:14), '은혜의 복음'(행 20:24), '평안의 복음'(행 10:36; 엡 6:15), '영광의 복음'(고후 4:4; 딤전 1:11), '영원한 복음'(계 14:6), '나의 복음'(롬 2:16; 고전 15:1; 고후 4:3; 갈 2:2; 딤후 2:8; 몬 1:13)으로 소개하고 있습니다. 성경이 가르치는 복음의 내용을 통해 신학이 감당해야 할 목적을 확인할 수 있습니다.

1) '하나님의 복음'은 우리의 사명을 상기시킵니다. 로마서 1장 1-2절은 "예수 그리스도의 종 바울은 사도로 부르심을 받아 하나님의 복음을 위하여 택정함을 입었으니 이 복음은 하나님이 선지자들을 통하여 그의 아들에 관하여 성경에 미리 약속하신 것이라"라고 말씀하셨습니다. 구약 선지자들을 통해 주신 아들에 관한 약속을 전파하는 것이 우리의 사명인 것입니다.

하나님께서 우리에게 맡겨주신 복음을 전할 때 우리에게는 약속에 관한 확신과 함께 고난을 견디는 힘이 필요합니다. 데살로니가전서 2장 2절은 "너희가 아는 바와 같이 우리가 먼저 빌립보에서 고난과 능욕을 당하였으나 우리 하나님을 힘입어 많은 싸움 중에 하나님의 복음을 너희에게 전하였노라"라고 말씀하셨습니다. '하나님의 복음'을 위하여 택함을 받은 사람들은 하나님을 힘입어 많은 고통과 어려움 가운데서도 하나님의 복음을 전해야 한다고 말씀하십니다.

2) '그리스도의 복음'은 예수님께서 하나님의 아들이시며 그리스도라는 사실을 강조합니다. 마가복음 1장 1절은 "하나님의 아들 예수 그리스도의 복음의 시작이라"라고 말씀하셨습니다. 예수 그리스도가 복음의 핵심이며 구원 역사의 중심인 것입니다. 우리는 율법을 지킴으로 구원을 받는 것이 아니라 예수 그리스도를 믿음으로 구원받는

것입니다.

　빌립보서 1장 27절은 "오직 너희는 그리스도의 복음에 합당하게
생활하라 이는 내가 너희에게 가 보나 떠나 있으나 너희가 한마음으
로 서서 한 뜻으로 복음의 신앙을 위하여 협력하는 것과"라고 말씀하
셨습니다. 그리스도의 복음은 믿는 자들에게 합당한 삶을 살아가도록
능력을 주십니다. 하나님의 뜻을 이루며 하나님의 뜻에 합당한 삶을
살게 하시는 것입니다.

　3) '하나님 나라의 복음'이라는 표현은 우리가 이 땅에서 이미 천국
의 삶을 살고 있음을 강조합니다. 마태복음 4장 23절은 "예수께서 온
갈릴리에 두루 다니사 그들의 회당에서 가르치시며 천국 복음을 전파
하시며 백성 중의 모든 병과 모든 약한 것을 고치시니"라고 말씀하셨
습니다. 우리의 연약한 모든 것을 고치시고 해결하시는 하나님의 능
력을 이 땅에서도 맛볼 수 있습니다. 하나님 나라는 예수 그리스도를
통해서 이미 이 땅에 임하였습니다. 예수님의 성육신과 가르치심을
통해 천국이 이미 이 땅에 임했음을 알 수 있습니다. 하나님의 나라는
단지 장소만을 의미하는 것이 아니라 우리 주님과 함께 하며 주님의
다스림을 받는 상태입니다. 예수 그리스도의 주 되심을 이 땅에 실현
하기 위해 '하나님나라운동'이 필요한 것도 이 때문입니다. 복음을 소
유한 사람이라면 죽어서 가는 천국에서 뿐만 아니라 이 땅에서도 주
님과 동행하며 자신이 속한 곳은 모두 하나님의 나라로 바꾸어가야
합니다.

4) '구원의 복음'은 하나님께 찬송과 영광을 돌리는 삶으로 나타납니다. 사도행전 16장 25절은 "한밤중에 바울과 실라가 기도하고 하나님을 찬송하매 죄수들이 듣더라"라고 말씀하십니다. 바울과 실라는 감옥에 갇혀서도 하나님을 찬송했습니다. 에베소서 1장 13-14절은 "그 안에서 너희도 진리의 말씀 곧 너희의 구원의 복음을 듣고 그 안에서 또한 믿어 약속의 성령으로 인치심을 받았으니 이는 우리 기업의 보증이 되사 그 얻으신 것을 속량하시고 그의 영광을 찬송하게 하려 하심이라"라고 말씀하셨습니다. 구원의 복음을 소유한 사람은 하나님께 받은 은혜를 헛되이 하지 않기 위해서 믿음으로 살아갑니다. 진리의 말씀인 성경을 신앙과 삶의 유일한 표준으로 믿고 성경이 증거 하는 구원의 복음에 합당하게 살아가는 것입니다. 구원의 복음으로 말미암아 하나님의 영광을 찬송하도록 하는 삶을 사는 것입니다.

5) '은혜의 복음'은 우리들을 헌신으로 이끕니다. 사도행전 20장 24절은 "내가 달려갈 길과 주 예수께 받은 사명 곧 하나님의 은혜의 복음을 증언하는 일을 마치려 함에는 나의 생명조차 조금도 귀한 것으로 여기지 아니하노라"라고 말씀하셨습니다. 은혜의 복음을 받은 사람은 자신의 생명보다 사명을 더 귀한 것으로 생각합니다. 이 복음을 가진 사람은 그 은혜의 복음을 증언해야만 합니다. 우리의 공로와 노력이 아니라 하나님의 은혜로 복음이 주어졌기 때문입니다. 거저 받았으니 거저주어야 합니다(마 10:8).

6) '평안의 복음'이라는 표현은 에베소서 6장 13-18절은 " 그러므

로 하나님의 전신 갑주를 취하라 이는 악한 날에 너희가 능히 대적하고 모든 일을 행한 후에 서서 기 위함이라 그런즉 서서 진리로 너희 허리 띠를 띠고 의의 호심경을 붙이고 평안의 복음이 준비한 것으로 신을 신고 모든 것 위에 믿음의 방패를 가지고 이로써 능히 악한 자의 모든 불화살을 소멸하고 구원의 투구와 성령의 검 곧 하나님의 말씀을 가지라 모든 기도와 간구를 하되 항상 성령 안에서 기도하고 이를 위하여 깨어 구하기를 항상 힘쓰며 여러 성도를 위하여 구하라"고 말씀하셨습니다. 신학은 학문적 지식을 얻는 것에서 머물지 않고 예수 그리스도의 복음으로 전신갑주를 취하는 것이어야 합니다. 악한 날에 능히 모든 것을 이겨내는 능력을 소유해야 합니다. 항상 성령 안에서 기도하고 영적 분별력을 가지도록 해야 하는 것입니다. 그래서 모든 상황에서 평안의 복음이 준비한 것으로 믿음의 길을 걸어야 하는 것입니다.

7) '영광의 복음'이라는 표현은 복음이 하나님의 영광을 드러내야 함을 강조합니다. 디모데전서 1장 11절은 "이 교훈은 내게 맡기신 바 복되신 하나님의 영광의 복음을 따름이니라"라고 말씀하셨습니다. 복음은 그 자체가 하나님의 영광을 드러냅니다. 복음이 제대로 드러나기만 하면 하나님의 영광이 나타나는 것입니다. 하나님의 영광스러운 복음을 세상에 드러내야 하는 것이 신학자와 목회자의 사명입니다. 그런데 한국교회가 분열과 세속화의 길을 걸으면서 이런 일을 감당하지 못하게 되었습니다. 하나님의 영광스러운 복음에 합당하게 살지 못한 것입니다. 고린도후서 4장 4절은 "그 중에 이 세상의 신이 믿지

아니하는 자들의 마음을 혼미하게 하여 그리스도의 영광의 복음의 광채가 비치지 못하게 함이니 그리스도는 하나님의 형상이니라"라고 말씀하셨습니다. 영광스러운 복음을 드러내야 할 신학자와 목회자들이 사명을 감당하지 못하면서 성도들과 세상은 영광스러운 복음의 광채를 받지 못하고 있습니다. 교회가 그리스도의 영광스러운 복음을 회복하고, 세상을 향해 복음의 영향력을 강하게 드러내야 할 이유가 여기에 있습니다. 신학은 학문이 아니라 예수 그리스도의 생명의 복음임을 드러내야 하는 것입니다. 그러할 때 그리스도의 영광의 복음이 한국교회에 생명의 역사를 일으킬 것입니다.

8) '영원한 복음'(계 14:6)이라는 표현은 복음의 영원성을 강조하고 있습니다. 요한계시록 14장 7절은 "그가 큰 음성으로 이르되 하나님을 두려워하며 그에게 영광을 돌리라"라고 말씀하셨습니다. 하나님을 두려워하지 않고 사람들의 마음을 미혹하는 잘못된 가르침에 대해서 복음의 불변성과 영원성을 드러내고 있는 것입니다. 다른 복음과 대조되는 것으로 영원한 복음을 받은 사람은 영생을 얻는다는 구원의 핵심 진리를 담고 있습니다. 최후 심판 앞에서 영원을 결정하는 복음인 것입니다. 복음을 받으므로 말미암아 누리는 영원한 생명과 복음을 거부함으로 받게 될 영원한 죽음을 나타내고 있습니다.

9) '나의 복음'이라는 표현은 '예수 그리스도가 내 안에 내가 그리스도 안에 있다'는 복음의 내면화를 강조합니다. 로마서 2장 16절은 "곧 나의 복음에 이른 바와 같이 하나님이 예수 그리스도로 말미암아 사

람들의 은밀한 것을 심판하시는 그 날이라"라고 말씀하셨습니다. 사도 바울은 그리스도의 복음을 자신의 삶을 통해 전하고 증거했습니다. 그래서 그는 복음을 '나의 복음'이라고도 표현할 수 있었던 것입니다. 그리스도를 믿고 구원을 받은 사람들은 말씀을 듣기만 하지 않고 말씀대로 살아가는 사람들입니다. 율법이 내면화되고 말씀이 생명화 되는 것입니다.

복음을 소유한 사람들은 심판에 대한 두려움을 넘어서 종말론적 신앙을 가지고 하루하루를 믿음으로 살아갑니다. 복음은 먼저 자신을 변화시켜 그리스도의 사람이 되게 하는 것입니다.

로마서 8장 9-10절은 "만일 너희 속에 하나님의 영이 거하시면 너희가 육신에 있지 아니하고 영에 있나니 누구든지 그리스도의 영이 없으면 그리스도의 사람이 아니라 또 그리스도께서 너희 안에 계시면 몸은 죄로 말미암아 죽은 것이나 영은 의로 말미암아 살아 있는 것이니라"라고 말씀하셨습니다. 복음을 가진 사람은 몸은 죄로 말미암아 죽은 사람이지만 영은 의로 말미암아 살아 있는 사람인 것입니다. 그래서 복음은 하나님의 은혜인 것입니다.

개혁주의생명신학은 복음의 영향력을 잃어버린 한국교회가 십자가와 부활의 복음을 회복할 때 비로소 생명을 살리는 교회가 될 수 있다는 확신에서 비롯된 것입니다. 한국교회 분열을 극복할 수 있는 방법 역시 복음 안에서 하나가 되는 것이라고 믿습니다. 신학은 분열되게 하지만, 복음은 하나 되게 합니다. 교단과 교파가 강조하는 신학은 서로 차이를 드러내지만, 복음 안에서는 모두 하나가 될 수 있습니다. 그래서 교회 안에서 다양성을 인정하는 것보다 더 중요한 것은 복음 안에서 하나되는 것입니다.

한국교회 초기 복음을 전한 선교사님들이 각기 다른 4개의 장로교 (미국북장로교, 미국남장로교, 호주장로교, 캐나다장로교) 선교회에서 파송을 받았음에도 하나의 장로교회를 세우려 했던 것은 한국교회를 향하신 하나님의 선한 뜻이 담겨있는 것입니다. 일제 강점기와 6·25 한국전쟁을 거치면서도 하나였던 한국교회가 그 어려운 시절을 잘 극복한 뒤에 분열하게 된 것은 어떤 명분을 제시하더라도 인간의 탐욕에 의한 것이라고 볼 수밖에 없습니다. 선교사님들이 하나의 교회를 세울 수 있었던 것은 복음 때문입니다. 교단들은 물론이고 교파를 초월하여 교회 전체가 붙들어야 할 복음이 무엇입니까?

이 복음 예수 그리스도에 관한 하나님의 약속이요(롬 1:2) 하나님의 구원하시는 능력(롬 1:16-17)이며 새 언약(렘 31:31-34; 히 10:9)으로서, 그리스도의 십자가와 부활로 말미암은 죄사함의 은총과 영생을 의미합니다(요 3:16; 14:16; 롬 3:25; 2:4-10). 이것이야 말로 성경 전체의 핵심 주제이며 메시지입니다.

이 복음을 받아들인 사람은 하나님의 자녀가 됩니다. 요한복음 1장 12-13절은 "영접하는 자 곧 그 이름을 믿는 자들에게는 하나님의 자녀가 되는 권세를 주셨으니 이는 혈통으로나 육정으로나 사람의 뜻으로 나지 아니하고 오직 하나님께로부터 난 자들이니라"라고 말씀하셨습니다. 하나님의 자녀가 된 사람은 복음에 순종해야 하며, 복음을 확고히 기억해야 합니다(고전 15:2; 히 3:6). 또 복음을 마음으로 믿어야 합니다. 그리고 무엇보다 그리스도께서 말씀하신대로 복음을 전파해야 합니다(막 16:15; 고전 15:1).

복음을 한 문장으로 말하라는 질문에 대해 쉽게 대답할 수 없는 이유는 복음에 대한 확신이 없기 때문일지 모릅니다. 그리스도가 우리를 위해 죽었기 때문에 그를 믿는 사람들은 자신들의 죄가 단번에 사해졌음을 알게 됩니다. 예수 그리스도의 재림으로 이루어질 최후 심판대 앞에서 우리는 무엇을 말해야 합니까? 분명한 한 가지, 그리스도가 나를 대신해 죽었다는 사실입니다. 그것이 바로 복음입니다. 이처럼 복음은 나를 위해서 십자가에서 죽고 부활하신 메시아 예수님이 세상의 유일하고 참된 주님이라고 하는 선포를 가리킵니다. 구약이 증언하는 오실 메시아, 그리고 오신 그 분 예수 그리스도가 바로 메시아라고 확신하도록 증언하는 성경 66권의 주제가 바로 복음인 것입니다.

진리를 탐구하는 사람들이 중요하게 생각하는 것, 즉 어떤 전제도 없이 합리적으로 설명될 수 있는 것만을 참된 진리라고 말하는 이성 중심의 사고방식으로는 신학을 연구할 수 없습니다. 학문적인 방법으로 진리를 탐구하는 사람들에게 신학은 낯선 학문일 수밖에 없습니다. 하나님을 향한 전적인 신뢰, 그 믿음에 기초하지 않은 학문탐구는 생명의 능력일 수 없습니다. 단지 문자에 불과할 뿐입니다. 세상의 방식으로 합리적으로 설득하기 위해 사용했던 도구들이 결국 신학의 사변화를 가져왔습니다. 기독교 초기 교부들이 이교도들을 향해 기독교를 변증하면서 철학적 논의를 했던 것이나 스콜라 신학에 맞서 기독교를 철학적으로 변증하려고 했던 모든 시도들은 결국 신학의 사변화를 가져왔습니다. 성경을 인간의 학문적인 노력으로 편집하고 비평하려 했을 때 하나님의 역사는 일어날 수 없었습니다.

학문은 모든 전제를 배제할 때 당위성을 갖지만, 신학은 믿음을 전제로 할 때 역사가 일어납니다. 종교개혁자들이 신학적 방법으로 문제를 진단하고 신학적으로 대안을 제시하지 않은 것도 이런 이유입니다. '5대 솔라', 즉 '오직 성경', '오직 그리스도', '오직 믿음', '오직 은혜', '오직 하나님께 영광'이 바로 성경적으로 제시된 교회 개혁 원리였습니다. 교회는 신학적 논의로 개혁되는 것이 아니라 성경의 원리로 개혁되기 때문입니다. 교회는 신학적 이론들이 아니라 하나님의 말씀에 순종해야 합니다. 신학은 예수 그리스도의 생명의 복음이 되어야 합니다.

복음은 두 가지 면에서 예수님의 선포라고 할 수 있습니다. 하나는 "회개하라 천국이 가까웠느니라"(마 4:17)는 말씀으로 세상 속에 하나님의 왕국이 도래했다고 선언하신 예수님 자신의 선포입니다. 또 하나는 자신의 죽음과 부활을 통해 그가 자신이 선포한 왕국을 우리에게 열어 주셨다는 복된 소식, 즉 예수님에 대한 선포입니다. 예수님께서 하늘 영광 보좌를 비워두고 이 땅에 오시므로 하나님의 나라가 이미 임했다는 소식이 첫 번째 선포요, 우리가 예수님께서 선포한 하나님의 나라 백성이 되었다는 복된 소식이 바로 두 번째 선포라 할 수 있는 것입니다.

예수 그리스도를 믿고 구원을 받은 사람들이 하나님께서 하신 계시의 말씀에 순종할 때 비로소 교회는 예수 그리스도의 생명 공동체가 될 수 있습니다. 그리스도의 몸인 교회는 머리 되신 예수 그리스도를 따라 하나님의 뜻을 이루어갈 때 교회다움을 회복할 수 있습니다.

기독교 초기 유대교와의 차별성을 제시하면서 기독교가 강조한 핵심은 "예수 그리스도"입니다. 로마서 1장 16절은 "내가 복음을 부끄러워하지 아니하노니 이 복음은 모든 믿는 자에게 구원을 주시는 하나님의 능력이 됨이라 먼저는 유대인에게요 그리고 헬라인에게로다"라고 말씀하십니다. 먼저 믿은 유대인들은 대부분 예수 그리스도를 메시아로 인정하지 않았습니다. 그러나 이방인들에게는 복음 그 자체가 하나님의 능력이었습니다. 복음은 모든 믿는 자에게 구원을 주시는 하나님의 능력입니다.

초대교회 교부들이 유대인과 이교도에 맞서 가장 많이 강조했던 신학의 내용도 예수 그리스도에 관한 것이었습니다. 예수님이 하나님의 아들이시라면 하나님과 어떤 관계에 있고 언제부터 존재하셨는지, 그리고 예수 그리스도가 참 하나님이시며 참 사람이시라면 신성과 인성은 어떻게 한 인격 안에서 관계하는지에 대해 정립하려고 했습니다. 이것이 바로 삼위일체론과 기독론이 형성된 배경입니다. 사람들이 이해하기 쉬운 방식으로 삼위일체를 정리했던 모든 사람들은 이단이 되었습니다. 예수 그리스도의 신성을 강조하기 위해 인성을 부정한 사람들도 마찬가지입니다. 하나님께서 신비의 영역으로 허락하신 부분을 인간적인 방식으로 해결할 수는 없었습니다. 그 문제의 해답 역시 오직 성경에 있습니다.

모든 기독교 교리의 근거와 원천이 성경이라면 모든 신학의 핵심은 성경에서 비롯된 것입니다. 그런데 언제부터인지 성경에서 답을 찾기 보다는 성경을 연구한 신학자들의 논리와 사상에서 답을 찾으려는 경향이 나타나기 시작했습니다. 성경 자체에서 답을 찾기보다 성경을 해석한 사람들의 이론에서 답을 찾으려고 한 것입니다.

우리가 세상에서 듣는 많은 소식은 안 좋은 뉴스인 경우가 많습니다. 그런데 어떤 소식, 즉 어떤 뉴스는 우리가 연구해서 아는 것이 아닙니다. 전해주는 사람이 있어야 알게 됩니다. 고린도전서 15장 1절 보면 "형제들아 내가 너희에게 전한 복음을 너희에게 알게 하노니 이는 너희가 받은 것이요 또 그 가운데 선 것이라"고 말씀하고 있습니다. 자신이 고린도교회 교인들에게 전한 복음이 무엇인지를 말씀하는 것입니다. 그런데 고린도전서 15장 3절을 보면 "내가 받은 것을 먼저 너희에게 전하였다"라고 말씀합니다. 이 복음을 사실 바울도 누군가로부터 받은 것입니다. 오늘 우리들도 누군가로부터 복음을 받았기 때문에 오늘 예수님을 믿을 수 있었던 것입니다. 우리들도 바울처럼 받은 복음을 또 다른 사람들에게 전하는 사람들이 되어야 합니다.

복음이라고 하는 것은 좋은 소식이요 복된 소식을 의미합니다. 말하자면 아테네가 페르시아와의 전쟁에서 수적인 열세에도 불구하고 승리한 소식은 좋은 소식입니다. 이 소식을 전하기 위해 아테네의 한 군인이 마라톤에서부터 아테네까지 40여 km를 달려 이 소식을 전하고는 심장파열로 죽었다고 합니다. 그런데 아테네가 페르시아를 물리쳤다는 소식은 아테네 사람들에게는 좋은 소식이요 복음일런지 모르지만 페르시아 사람들에게는 나쁜 소식일 것입니다. 이렇듯 이 세상에서 말하는 복된 소식 좋은 소식이라고 하는 것은 매우 상대적임을 알 수 있습니다. 받아들이는 사람에 따라서 복된 소식이 나쁜 소식이 되기도 하고 나쁜 소식이 좋은 소식이 되기도 합니다.

누가복음 2장 10절은 "천사가 이르되 무서워하지 말라 보라 내가 온 백성에게 미칠 큰 기쁨의 좋은 소식을 너희에게 전하노라"라고 말씀하셨습니다. 진정한 의미에서 복음이 좋은 소식이 되기 위해서는 온 백성에게 미칠 좋은 소식이어야지 인종이나 성별, 연령에 제한된 것이어서는 안 됩니다. 진정한 의미에서의 복음은 한국 사람에게만 복음이어서는 안 됩니다. 일본 사람들에게도 복음이어야 합니다. 남자에게만 복음이어서는 안 되고 여자에게도 복음이어야 합니다. 종이나 자유자 모두에게 복음이어야 합니다.

고린도전서 15장 3절 "내가 받은 것을 먼저 너희에게 전하였노니 이는 성경대로 그리스도께서 우리 죄를 위하여 죽으시고" 말씀하고 있습니다. 바울은 지금 내가 너희에게 전한 복음을 알게 하겠다 말씀하고 있습니다. 복음은 나도 전해 받은 것인데 그 내용이 무엇인가 하면 그리스도께서 우리 죄를 위하여 죽으셨다 말씀합니다. 복된 소식이라고 해놓고는 그리스도의 죽음에 대하여 말씀하고 있습니다. 어떤 사람의 죽음에 관한 이야기는 결코 좋은 소식일 수 없습니다. 그런데 어떻게 그리스도의 죽으심이 복음일 수 있습니까?

"내가 받은 복음을 먼저 너희에게 전한다"라고 하는 것은 그만큼 중요한 것이라는 의미입니다. 복음의 우선적인 중요성을 강조하고 있습니다. 성경대로 그리스도께서 우리 죄를 위하여 죽으셨다 말씀하고 있습니다. 예수님의 죽음은 두 가지 면에서 독특합니다. 예수님의 죽음은 '성경대로' 죽으신 것이기에 독특한 것입니다. 예수님의 죽으심은 우발적인 죽음이 아닙니다. 예수님은 구약성경에서 예언한 대로 죽으신 것입니다. 이 예수님의 죽으심은 우리를 대신한 죽으심이었습니다. 그리고 예수님께서 '우리를 위하여' 성경대로 죽으셨기에 독특합니다. 우리의 죄 때문에 예수님은 십자가에서 형벌을 받으신 것입니다.

사람들은 어떤 사람의 죄 때문에 다른 사람이 죽는다는 것은 공정하지 않다고 주장합니다. 말이 되지 않는다고 주장합니다. 하지만 이런 주장은 서구의 개인주의의 영향을 받은 사람들의 주장에 불과합니다. 한 사람의 중요성, 우리 개개인의 중요성에 대해 우리는 아무리 강조해도 지나치지 않을 것입니다. 하지만 개인주의는 성경적이지 않습니다. 지나친 개인주의가 오늘 우리 사회의 문제가 되고 있습니다. 인터넷을 사회적 네트워크(social network)라고 하고 우리를 서로 이어 줄 것처럼 말을 하지만 사람들은 더 개인적으로 단절이 되고 고립이 되고 있습니다.

사람들은 다른 사람을 위해 죽는다는 것을 이해하지 못하겠다고 말합니다. 하지만 희생적인 사랑의 이야기는 인간 사회에도 얼마든지 있습니다. 다른 사람을 위해서 자신의 목숨을 버리는 것이 쉽지는 않지만 인간 세상 가운데도 아주 없는 일은 아닙니다. 그래서 요한복음 15장 13절은 "사람이 친구를 위하여 자기 목숨을 버리면 이보다 더 큰 사랑이 없나니"라고 말씀하십니다.

로마서 5장 7-8절은 "의인을 위하여 죽는 자가 쉽지 않고 선인을 위하여 용감히 죽는 자가 혹 있거니와 우리가 아직 죄인 되었을 때에 그리스도께서 우리를 위하여 죽으심으로 하나님께서 우리에 대한 자기의 사랑을 확증하셨느니라"라고 말씀하고 있습니다.

이 부분을 로이드존스(D. M. Lloyd-Jones, 1899-1981) 목사님은 이렇게 설명합니다. 의인은 악보대로 정확하게 연주하는 사람입니다. 그러나 선인은 그 이상입니다. 악보에 혼을 불어넣는 연주자가 바로 선인이라는 것입니다. 선인의 삶 속에는 감동이 있습니다. 그런데 "의

인을 위하여 죽는 자가 쉽지 않고 선인을 위하여 용감히 죽는 자가 혹 있거니와 우리가 아직 죄인 되었을 때에 그리스도께서 우리를 위하여 죽으셨다"는 것입니다. [5]

다른 사람을 위한 감동적인 희생의 이야기는 인간 세상에 얼마든지 있을 수 있습니다. 자녀를 위한 희생적인 사랑의 이야기는 수도 없이 많습니다. 다른 사람을 위하여 대신 죽는 이야기는 우리에게 감동을 줍니다. 이런 이야기가 인간 사회를 밝혀주는 것입니다.

사실 오늘 우리는 누군가의 희생을 통해 여기 있는 것이 아닙니까? 우리의 부모님 세대의 피와 땀과 눈물을 통하여 우리가 이 자리에 있는 것입니다. 먹을 것 제대로 먹지 못하고 입을 것 제대로 입지 못하고 허리띠 졸라매고 자녀 교육에 올인한 우리 부모님 세대의 희생 덕에 오늘 우리나라가 이만큼 그래도 살만하게 된 것입니다. 그래서 사람들은 우리를 위해 예수님께서 우리 대신으로 십자가에서 죽으셨다라는 말을 도무지 있을 수 없는 이야기라고 말하지만 그 희미한 흔적은 우리 인간 세상에도 많이 있다고 말할 수 있습니다. 의인을 위하여 대신 죽는 일이 쉽지는 않지만 아주 없는 것은 아닙니다. 선인을 위하여 용감히 죽는 일이 가끔가다가 있는 것입니다. 통상적인 경우 자녀를 위한 희생의 이야기는 얼마든지 이 세상에 있을 수 있는 것입니다. 우리를 위한 예수님의 죽으심이라고 하는 것이 독특한 이유는

---

5) D. M. Lloyd-Jones, 『로마서강해 2:확신』, 서문강 역(서울:기독교문서선교회, 1978), 153.

우리가 "아직 죄인이었을 때" 이런 일이 일어났다는 것입니다. 우리는 이 사실을 통해 우리를 향한 하나님의 크신 사랑을 깨닫게 됩니다.

> 웬 말인가 날 위하여 주 돌아가셨나 이 벌레 같은 날 위해 큰 해 받으셨나
> 내 지은 죄 다 지시고 못박히셨으니 웬일인가 웬은혠가 그 사랑 크셔라
> 주 십자가 못박힐 때 그 해도 빛 잃고 그 밝은 빛 가리워서 캄캄케 되었네
> 나 십자가 대할 때에 그 일이 고마워 내 얼굴 감히 못들고 눈물 흘리도다
> 늘 울어도 눈물로써 못갚을 줄 알아 몸 밖에 드릴 것 없어 이 몸 바칩니다.[6]

성경에서 말하는 온 백성에게 미치는 좋은 소식 복음은 무엇입니까? '예수님을 믿으면 구원을 받는다'는 것이 성경이 말하는 복음의 핵심적인 내용입니다. 그런데 예수님을 믿는다는 말이 조금은 막연하게 느껴집니다. 조금 상세히 설명하자면 예수님의 십자가와 부활을 나를 위한 사건이라고 믿으면 구원을 받는다는 의미가 될 것입니다. 예수님의 죽으심과 부활이 나의 죄 문제와 죽음의 문제를 해결해준 사건이라는 것입니다. 우리 죄를 대신하여 주님이 십자가에서 죽어주셨습니다. 그러기에 주님의 죽으심은 복된 소식인 것입니다. 하지만 그것이 전부가 아닙니다. 예수님은 사망의 권세를 이기시고 부활하셨습니다.

---

6) 『새찬송가』, 143장.

개혁주의생명신학이 복음을 강조하는 것은 종교개혁의 신학을 계승한 모든 개신교회가 하나됨을 이룰 수 있는 길이 여기에 있기 때문입니다. 한국교회가 분열과 세속화의 문제를 해결할 길은 "우리가 아직 죄인 되었을 때에" 우리를 대신하여 죽으심으로 구원의 길을 열어주신 예수 그리스도의 십자가로 돌아가는 것이기 때문입니다. 교회의 정체성은 십자가에서 결정됩니다. 수직적으로는 하나님을 사랑하는 믿음에 순종하고, 수평적으로는 우리의 이웃을 우리 몸과 같이 사랑해야 합니다. 예수 그리스도가 내 안에 내가 예수 그리스도 안에 사는 삶을 살아가야 합니다. 예수님을 따라 자기를 부인하고 자기 십자가를 지는 그리스도인들이 거룩한 옷을 입고 믿음으로 하나가 되어야 합니다. 그렇게 할 때 교회는 세상의 빛과 소금으로서 그 본질을 회복하게 될 것입니다.

3

"왜 예수 그리스도가
신학의 중심인가?"

개혁주의생명신학은 십자가와 부활의 신앙을 회복하여 예수 그리스도의 생명을 회복하기 위한 실천운동입니다. 십자가와 부활의 신앙을 회복하기 위해서는 예수 그리스도가 내 안에, 내가 예수 그리스도 안에 사는 삶을 살아야 합니다. 십자가와 부활의 신앙을 회복하여 예수 그리스도 안에 사는 삶을 살려면 성령의 인도하심을 따라야 합니다. 요한복음 14장 26절은 "보혜사 곧 아버지께서 내 이름으로 보내실 성령 그가 너희에게 모든 것을 가르치고 내가 너희에게 말한 모든 것을 생각나게 하리라"라고 말씀하셨습니다. 예수 그리스도가 신학의 중심이 되기 위해서는 무엇보다 성령의 인도하심을 받아야 합니다. 성령께서 예수 그리스도에 대해 가르치고 생각나게 하실 때 우리는 십자가와 부활에 대한 굳센 믿음을 가질 수 있습니다. 예수 그리스도가 신학의 중심이라고 말하면서도 성령의 인도를 받지 않는다면 하나님의 뜻을 따르는 신학을 할 수 없습니다.

개혁주의생명신학은 개혁주의신학을 계승하여 성경을 강조하는 동시에 성령의 역사를 강조합니다. 그래서 개혁주의생명신학은 '오직 성경'을 '성경을 통하여 말씀하시는 성령'으로 이해합니다. 개혁주의신학의 아쉬운 점은 성령에 대한 강조가 부족하다는 것입니다. 개혁주의신학이 본래부터 그랬던 것은 아닙니다. 전통적으로 개혁주의신학은 말씀을 강조하면서도 성령의 자유로운 역사에 대해 늘 열려 있는 자세를 가졌습니다. 취리히의 종교개혁자 츠빙글리는 루터에게 열광주의자란 비판을 들을 정도로 성령에 대하여 강조하였고, 칼빈은 후대 신학자들이 "성령의 신학자"라고 부를 정도로 성령 하나님에 대해 많은 관심을 기울였습니다. 그런데 급진 종교개혁자들로 불리는 일부 사람들이 무리하게 성령을 내세웠고, 개혁주의자들이 그것에 대해 반대하며 비판적 입장을 취한 결과, 개혁교회 내에 성령에 대한 강조가 점차 약화된 것입니다.

초대교회부터 교회의 역사는 성령의 역사로 말미암은 것이었습니다. 교회는 사도들로부터 계승되어 온 건전한 전통을 따라 말씀과 함께 성령의 역사를 강조해 왔습니다. 이렇듯 성령에 대하여 많은 관심을 기울였던 개혁주의신학이 성령에 대해 무관심해짐으로, 지금은 성령의 역사하심은 마치 오순절 교회의 전유물처럼 여기고 있으니 안타까운 마음을 금할 길이 없습니다. 성경에 대한 강조와 성령님에 대한 강조는 양자택일해야 할 문제가 아닙니다. 양쪽을 다 주장해야할 문제요, 그렇게 해야만 우리의 신학이나 신앙 그리고 목회가 균형 있는 모습을 갖추게 될 것입니다. 말씀에 대한 강조가 지나쳐 영적으로 메마르거나 기도하지 않는 모습은 참으로 안타까운 모습이 아닐 수 없습니다. 반대로 기도하며 성령의 충만함을 간구하다가 성경에서 떠나버리게 되는 것 또한 우리가 경계해야 할 잘못이 아닐 수 없습니다.

성령에 대한 강조를 잃어버린 개혁주의신학의 모습은 개혁주의신학이 경험한 교회 역사 속 논쟁과 무관하지 않습니다. 치우친 성령론을 주장하는 여러 사람들과 논쟁하는 가운데 개혁주의신학이 성령에 대한 강조를 잃어버리게 된 것입니다. 열광주의자들과 논쟁하는 가운데 성령님을 사모하는 열정을 잃어버린 것입니다. 실천과 성화만을 강조하는 사람들과 논쟁하다가 실천이 없는 죽은 신앙인의 모습으로 전락하고 만 것입니다. 성령의 은사를 과도하게 강조하는 사람들과 논쟁하다가 성령의 은사 자체를 부정하는 지경에까지 이르게 된 것입니다.

잘못된 것은 고치는 것이 개혁주의신학입니다. 이제라도 개혁주의신학은 성령에 대한 강조를 회복해야 합니다. 성령의 은사 문제로 시끄러웠던 고린도교회를 향하여 바울은 하나님의 감동으로 "형제들

신학은 학문이 아닐세—

아, 신령한 것에 대하여 나는 너희가 알지 못하기를 원하지 아니하노니"(고전 12:1)라고 말합니다. 우리 모두가 고린도교회처럼 "모든 은사에 부족함이 없이 우리 주 예수 그리스도의 나타나심"(고전 1:7)을 기다리기 위해서는 무엇보다도 성령 충만해야 합니다.

물론 우리는 성령의 능력에 대한 관심뿐 아니라 성령의 열매에도 관심을 기울여야 합니다. "오직 성령의 열매는 사랑과 희락과 화평과 오래 참음과 자비와 양선과 충성과 온유와 절제니 이같은 것을 금지할 법이 없느니라"(갈 5:22-23). 주님이 주시는 능력으로 우리는 사랑할 수 없는 사람을 사랑하고 용서할 수 없는 사람을 용서해야 합니다. 사람들 사이에 화평을 도모하는 사람으로 살아가야 합니다. 오래 참아야 합니다. 항상 기뻐하고 범사에 감사하고 쉬지 말고 기도해야 합니다(살전 5:16-18). 이 모든 일은 인간의 힘으로 감당할 수 없습니다. 우리 앞에 있는 여러 큰 산들을 평지가 되게 하는 것은 오직 성령을 통해 가능합니다. 하나님께서는 스룹바벨에게 "이는 힘으로 되지 아니하며 능력으로 되지 아니하고 오직 나의 영으로 되느니라"(슥 4:6)라고 말씀하셨습니다. 이 믿음 가운데 전진하시는 우리 모두가 되기를 바랍니다.

하나님의 형상과 영광을 회복하는 유일한 길은 예수 그리스도의 십자가와 부활을 믿는 것입니다. 이러한 믿음은 십자가와 부활의 삶으로 나타나야 합니다. 예수님의 십자가의 의미를 바르게 파악하는 것은 우리의 구원과 밀접한 관계가 있습니다. 그런 의미에서 속죄 교리는 '복음의 정수'를 담고 있습니다. 우리의 죄를 대신하여 죽으신 예수님을 우리의 구원자로 받아들일 때 우리는 구원 얻은 하나님의 자녀들이 됩니다. 예수 그리스도를 믿을 때 우리는 보혈의 능력을 경험하게 됩니다. "이제는 내가 사는 것이 아니요 오직 내 안에 그리스도께서 사시는" 것입니다(갈 2:20). 우리의 자아가 십자가에서 온전히 죽을 때 우리 안에서 예수 그리스도의 생명의 역사가 일어납니다. 이 것이 성령의 인도를 받는 삶입니다. 성령의 도우심으로 부활의 삶을 살도록 우리는 날마다 무릎 꿇고 기도해야 합니다.

성경은 "다른 이로써는 구원을 받을 수 없나니 천하 사람 중에 구원을 받을 만한 다른 이름을 우리에게 주신 일이 없음이라"(행 4:12)라고 말씀하십니다. 죄인인 인간이 하나님께 나아갈 수 있는 것은 길이요 진리요 생명이신 예수님을 통해서만 가능합니다(요 14:6). 이 진리 때문에 기독교는 배타적이라는 비판을 받기도 합니다. 심지어는 독선적이라는 비난을 듣기도 합니다. 하지만 예수 그리스도 안에만 생명이 있음을 알기에, 아무리 배타적이라 비판한다 해도 이 진리의 복음을 열심히 전해야 합니다. 이외의 다른 부분에서 우리는 불필요하게 배타적이거나 독선적이지 않아야 합니다. 남을 용납하고 관용하는 마음을 가져야 합니다.

아무리 예수님의 유일성을 확신하는 사람이라 해도 그리스도께서 내 안에, 내가 그리스도 안에 있는 그리스도와의 참된 연합이 없다면 아무 소용이 없습니다. 그리스도와의 연합이 이루어진 사람만이 하나님이 함께, 너와 내가 함께, 이웃과 함께 하는 참된 생명을 누릴 수 있습니다. 그리스도와 연합한 사람만이 자기 부인과 자기 십자가를 지는 삶을 살 수 있습니다. 우리가 그리스도와 연합하는 것은 성령 하나님의 역사를 통해서만 가능합니다.

목회자와 신학자는 영적 지도자로서 육의 일을 버리고 영적인 일에 집중해야 합니다. 육신적인 것은 무익하고, 생명을 주시는 분은 성령이시기 때문에 성령을 따라 행해야 합니다. 성도들과 학생들의 외적인 모습을 변화시키는 윤리적이고 학문적인 설교와 강의가 아니라, 성령을 철저히 의지하는 가운데 하나님의 세미한 음성을 전하는 영적인 사역을 해야 합니다. 머리의 신학이 가슴의 신학으로, 그리고 결국은 무릎의 신학으로 내려 와야 합니다. 무릎의 신학이 없으면, 머리의 신학, 가슴의 신학은 공허합니다. 성령을 의지해서 무릎 꿇고 기도해야만, 성령 충만한 말씀사역이 가능하고, 그 말씀을 들은 영혼들이 변화됩니다.

개혁주의생명신학 실천은 기도성령운동을 통해서만 가능합니다. 인간적인 지혜와 능력을 거부하고, 기도를 통해 성령께서 역사하심으로 말미암아 신학교는 기도에 헌신된 목회자들을 양성하고, 그렇게 길러진 목회자들을 통해 교회에 다시 영적 생명력이 공급되어야 합니다. 기도성령운동이 신학교와 교회에서 일어나면, 개혁주의생명신학의 실천은 자연스럽게 이루어지게 될 것입니다. 개혁주의생명신학은 사람의 지혜와 능력을 가지고 무언가를 해 보자는 것이 아닙니다. 오직 기도와 성령으로 나타나는 하나님의 능력과 지혜를 의지하는 것이 개혁주의생명신학의 핵심입니다.

한국교회의 역사는 기도의 역사입니다. 전쟁과 가난 속에서 한국교회의 성도들이 하나님을 의지하고 살 수 있었던 것은 기도 때문이었습니다. 그분들은 차디찬 예배당에서, 골방에서, 산골짜기에서, 심지어 감옥에서, 우리 민족의 죄를 눈물로 회개했습니다. 하나님께서 새로운 은혜를 주시기를 간절히 기도했습니다. 매일 새벽마다 기도했을 뿐 아니라 밤을 새워 금식하면서, 우리를 불쌍히 여겨 달라고 가슴을 치면서 기도했습니다.

하나님은 이런 한국교회를 사랑하셔서 영적 부흥과 경제적 풍요를 허락해 주셨습니다. 그런데 세상이 편해지고 생활이 부유해지면서 마음이 교만해져 이 모든 것을 우리 힘으로 이룬 줄로 착각하게 되었습니다. 그래서 하나님의 도우심을 구하는 기도의 무릎이 약해졌습니다. 신명기 32장 15절 말씀처럼 살찌고 비대하고 윤택해진 다음, 자기를 지으신 하나님을 버린 것입니다. 육신이 편안해지면서 영혼이 변질되었습니다. 36년 동안 일제의 압박 속에서도 기도로 승리했던 교회가, 물질적 풍요를 누리면서 영적으로 퇴보하고 말았습니다.

예전의 한국교회에는 새벽기도, 금요철야기도, 산상기도 등 기도의 줄이 끊어지지 않았습니다. 기도소리가 잠잠할 날이 없었습니다. 그러나 오늘날 한국교회에서 기도소리가 작아졌습니다. 기도모임은 교회에서 가장 인기 없는 모임이 되어 버렸습니다. 특히 대표적인 기도모임이었던 금요기도회가 약화되었습니다. 금요기도회는 한 주간을 마무리하면서 자신을 하나님 앞에서 돌아보는 시간입니다. 인생의 심각한 문제와 가정의 아픔들, 그리고 교회와 국가를 위해 온 성도들이 모여서 기도하는 시간입니다. 금요기도회는 교회의 영적 발전소였고, 한국교회가 영적으로, 수적으로 성장할 수 있도록 사용하신 성령의 도구였습니다.

그러나 지금은 금요기도회가 매우 약화되었습니다. 예전처럼 밤을 새우는 철야기도는 생각도 할 수 없고, 대부분 교회가 저녁에 모여 잠깐 기도하고 집으로 돌아갑니다. 그것마저도 없어지거나, 혹은 한다고 해도 형식적으로 할 따름입니다. 기도하고 싶은 사람들이 금요기도회를 사모하면서 기도하러 가야 되는데, 기도회가 약해지니까 기도할 곳을 찾을 수 없습니다. 그러다 보니 기도의 용사들이 점점 더 사라지게 되었습니다. 기도의 용사들이 줄어드니, 교회의 영적 생명력은 당연히 약해질 수밖에 없는 것입니다. 다시 기도의 불이 타올라야 말씀의 역사가 일어나고, 생명의 역사가 일어날 것입니다.

이전에는 기도의 훈련이 되지 않은 사람이라 해도 금요기도회에 가서 기도하면 기도의 문이 열리고 기도응답의 체험을 받을 수 있었습니다. 그러나 오늘날에는 기도의 능력을 체험할 수 있는 시간, 기도를 배울 수 있는 시간 자체를 찾기가 어렵습니다.

이 모든 책임은 목회자와 신학자에게 있습니다. 목회자가 기도의 능력에 대한 확신과 체험이 있으면 기도를 강조할 수밖에 없습니다. 『천로역정』을 쓴 존 번연(John Bunyan, 1628-1688)은 기도가 목회자들에게 가장 중요한 자질이라고 했습니다. 설교를 아무리 잘 해도, 기도의 능력에 대한 믿음이 없으면, 설교가 영혼을 변화시킬 수 없습니다. 행정을 아무리 잘 하고, 소그룹을 아무리 잘 인도해도 기도에 헌신되어 있지 않으면, 그 목회자가 사역하는 교회는 영적으로 약해질 수밖에 없습니다. 예전의 선배 목회자들은 기도와 성령에 헌신되어 목회했습니다.

그러나 1980년대에 들어서면서부터 한국교회의 목회 방향이 바뀌기 시작했습니다. 주석과 신학서적이 쏟아져 나오면서 기도하지 않고, 성경을 읽지 않고도 설교를 할 수 있는 시대가 된 것입니다. 그리고 그때부터 역사가 오래 된 신학교들이 교육부의 인가를 받기 시작했습니다. 인가를 받기 위해서는 건물과 재산도 있어야 하지만, 더 중요한 것은 학위를 받은 교수들이 필요했습니다. 그래서 외국에서 박사학위를 받은 학자들이 한국으로 몰려들어왔고, 목사 자격을 판단할 때 영성이 아니라 학력으로 판단하는 시대가 되었습니다. 학자들은 자신이 배운 것만 가르치고 학문적 성과에 집착했습니다. 그러다 보니 기도와 성령체험, 은사가 무시되기 일쑤였습니다. 이때부터 서구신학이 신학교를 점령하면서 기도와 영성을 뒷전으로 밀어냈습니다.

이것이 비극의 시작입니다. 경건과 영성보다 공부를 잘 하는 것이 더 중요한 것이 되고 말았습니다. 목회자가 되려는 사람에게 기도 많이 하기를 요구하기보다 학위를 먼저 따지게 되었습니다. 신학은 사변화, 파편화 되고, 전문인들만 공부하는 영역이 되었으며, 목회자를 양성하는 영적 지도자가 되어야 하는 신학자는 학적인 권위를 가진 선생의 수준에 머무르게 되었습니다. 인간의 지성이 성령님을 몰아낸 것입니다. 그 결과 한국교회가 유럽교회처럼 영적 생명력을 잃고 문을 닫게 되는 길로 들어서게 되었습니다.

목회자들을 양성하는 신학교는 하나님에 대한 올바른 지식을 가르침과 더불어 기도의 불이 활활 타오르는 곳이어야 합니다. 지식의 전달만으로는 부족합니다. 뜨거운 기도가 있어야 합니다. 기도 없는 신학은 신학이라고 부를 수 없습니다. 종교개혁자 루터가 기도를 신학의 출발점으로 삼은 것도, 칼빈이 신학을 경건으로 규정한 것도 기도가 없이는 신학이 불가능하기 때문입니다. 기도 없이는 하나님의 음성을 들을 수 없고, 기도 없이는 하나님의 말씀을 제대로 깨달을 수가 없습니다.

개혁주의생명신학은 예수 그리스도의 십자가와 부활의 신앙을 회복하기 위해 성령의 역사를 강조합니다. 요한복음 6장 63절은 "살리는 것은 영이니 육은 무익하니라. 내가 너희에게 이른 말은 영이요 생명이라"라고 말씀하셨습니다. 살리는 것은 영입니다. 성령의 인도를 받을 때 생명의 역사가 일어납니다. 요한복음 6장 28-29절은 "그들이 묻되 우리가 어떻게 하여야 하나님의 일을 하오리이까? 예수께서 대답하여 이르시되 하나님께서 보내신 이를 믿는 것이 하나님의 일이니라"라고 말씀하셨습니다. 하나님께서 보내신 예수 그리스도를 믿는 것이 바로 하나님의 일입니다. 성령의 인도하심을 따라 예수 그리스도를 믿고, 믿게 하는 일이 하나님의 일인 것입니다. 하나님의 말씀이 성령의 역사하심을 통해 예수 그리스도의 생명으로 풍성해지도록 말씀과 함께, 성령과 함께 살아가는 그리스도인들이 되시길 바랍니다.

제3부

백석총회의 미래 비전:
개혁주의생명신학의 세계화

1
백석총회의
미래 비전 제시의 필요성

지금까지 백석총회를 부흥시켜주신 여호와 하나님께 감사와 영광을 돌립니다. 우리 총회는 1978년 9월 11일 설립한 이후 하나님의 은혜 가운데 지속적으로 부흥하고 성장해 왔습니다. 성령의 도우심이 아니었다면 오늘의 백석총회는 존재할 수 없었을 것입니다. 우리 총회가 힘들고 어려운 역경을 이겨내고 계속 발전할 수 있었던 것은 하나님의 일이라면 계산하지 않고 무조건 순종했기 때문이라고 생각합니다. 분열된 한국교회를 하나 되게 하라는 준엄한 명령에 순종한 우리 백석총회를 하나님께서 긍휼히 여기셔서 명실공히 한국교회 연합과 일치의 중심 교단이 되게 하셨습니다.

오늘날 한국교회는 역사적으로 가장 큰 위기에 놓여 있습니다. 나라와 민족의 소망이었던 교회가 이제는 사회적 신뢰를 잃어버리고 지탄의 대상으로 전락하고 있습니다. 교회가 교회를 비난하고, 교단과 교단이 서로 다투며, 교회 안에서도 믿음으로 하나 되지 못하는 일들이 허다합니다. 이런 문제들은 내 교회, 내 노회, 내 총회만을 생각하는 이기주의가 만들어낸 결과입니다. 이처럼 편협한 개교회주의를 극복하지 못한 한국교회가 공교회성과 함께 공공성도 상실해가고 있는 것입니다. 이런 문제들은 한국교회가 십자가 사랑 안에서 거룩한 하나의 교회를 지향했다면 얼마든지 이겨낼 수 있었을 것입니다. 그러나 책임을 서로 회피하고 논쟁하면서 문제는 더 심각해지고 말았습니다.

하지만 한국교회가 지금이라도 힘을 모아 하나 된다면 이 위기를 반드시 극복할 수 있다고 생각합니다. 초기 선교사님들이 예수 그리스도 안에서 연합하여 한국교회를 섬겼던 것처럼 우리도 연합과 일치에 힘을 쏟으면 됩니다. 한국교회는 일제 강점기와 6·25 한국전쟁이라는 참혹한 현실 속에서도 모든 것을 믿음으로 극복했던 저력이 있습니다. 분열의 죄를 회개하고 서로 용납하고 피차 용서하며 오직 하나님의 영광만을 생각한다면 한국교회는 성령 안에서 다시 하나 될 수 있습니다.

코로나19가 장기화 되면서 교회가 겪는 어려움이 가중되고 있습니다. 하지만 끝나지 않을 것 같은 짙은 어둠 속에서도 참 빛이신 예수 그리스도께서 우리와 함께 하시기에 두려워하지 말아야 합니다. 우리 총회가 먼저 한국교회와 사회에 모범이 되고 신뢰를 회복하여 민족의 소망이 되어야 할 것입니다. 급변하는 사회 환경 속에서도 하나님의 뜻을 이루는 예수 생명의 공동체로서 사명을 다해야 할 것입니다. 또한 코로나19라는 재난 상황에 대해서도 시의적절한 대처 방안을 마련하고, 총회가 중장기적으로 해결해야 할 과제에 대해서도 함께 논의하면서 미래를 대비해야 할 것입니다.

무엇보다 목회 현장이 점점 더 어려워지는 상황에서 어떻게 하면 개혁주의생명신학의 세계화를 통해 민족복음화와 세계 선교라는 사명을 잘 감당할 수 있을지 기도하면서 대안을 찾아야 할 것입니다. 그러나 이 모든 일에 앞서 먼저 우리가 누구인지, 정체성을 분명히 해야 합니다. 우리 총회의 역사와 정체성을 바르게 인식하고 공유할 때 우리 총회는 계속 부흥하고 성장할 것입니다.

그러기 위해서 먼저 백석총회 설립의 역사적 배경을 살핀 후에, 1978년 복음총회 설립 당시 제시한 『교단선언문』에 나타난 우리 총회의 설립 정신을 확인할 것입니다. 또한 설립 정신의 요체라고 할 수 있는 개혁주의생명신학이 어떻게 총회 안에서 구체적으로 실현되어 왔는지 점검해 볼 것입니다. 마지막으로, 총회 설립 45주년을 앞두고 있는 우리 총회가 나아가야 할 방향과 미래 비전에 대해 함께 생각해 보려고 합니다.

2

백석총회 설립의 역사적 배경

저는 무릎 꿇고 받은 사명을 감당하기 위해 백석학원(백석대학교평생교육신학원, 백석대학교, 백석문화대학교, 백석예술대학교)을 설립하였습니다. 그 사명은 하나님의 말씀을 가르치는 교육, 성경을 통해 영적 생명을 살리는 교육을 하는 것이었습니다.

백석총회를 설립한 이유는 〈백석학원의 설립 취지〉에 명시되어 있습니다.

백석학원의 설립, 백석학원의 존재 이유는 이 땅에 대학이 없어서가 아닙니다. 세상의 지식을 가르치는 교육은 다른 대학에서도 얼마든지 잘

할 수 있습니다. 만일 우리 대학이 다른 대학과 동일한 교육을 한다면 세상의 수많은 대학에 또 하나의 대학이 더해진 것에 불과합니다. 교육은 사람을 '사람다운 사람'으로 새롭게 바꾸어 가는 일입니다. 도덕교육, 윤리교육만으로는 '사람다운 사람'으로 변화될 수 없습니다. 사람을 변화시키고 영적 생명을 살리는 교육은 오직 하나님의 말씀에 의해서만 가능합니다.

그래서 예수 그리스도의 복음을 전파할 복음사역자들을 양성하기 위해 '대한복음신학교'라는 이름으로 출발하게 되었던 것입니다.

1976년 대한복음신학교를 설립할 당시 이미 우리나라에는 교단의 역사와 전통을 자랑하는 신학교들이 있었습니다. 저는 무릎 꿇고 기도하는 가운데 받은 사명을 완수하기 위해 신학교를 세워야 했지만, 이 땅에 존재하는 많은 신학교에 또 하나의 신학교를 더하고 싶은 생각은 없었습니다. "땅 끝까지 증인이 되라"라는 주님의 명령에 순종하는, 능력 있는 복음 사역자들을 배출하고 싶었습니다. 그래서 군인이나 경찰, 농어촌을 비롯한 산간벽지에 거주하여 통학하기 어려운 사람들을 위해 통신으로 신학 교육을 시작했습니다. 목회자로 부르심을 받은 사람들 뿐 아니라 다양한 분야에서 부르심을 받은 사람들이 사명자로 복음을 전할 수 있도록 교육하는 일에 힘썼습니다.

통신으로 하는 신학 교육의 한계를 극복하기 위해 계절별로 지역별로 출석 수업도 실시했습니다. 하나님께서 쓰시기에 합당한 '초교

파적 복음의 역군' 양성이 신학 교육의 목표였습니다. 신학 교육의 기회를 얻지 못했던 많은 사람들에게 신학을 공부할 수 있는 기회가 주어졌습니다. 처음에 통신 과정에서 공부했던 사람들이 나중에 대한복음신학교 본과에서 교육을 받고 목사가 되었습니다. 사명은 있지만 여건이 허락되지 않아 애태우던 사람들을 복음 사역자가 될 수 있도록 통신이라는 방식으로 교육하던 당시의 노력은 백석학원 45년 역사의 발판이 되었습니다. 설립 취지에 밝힌 대로, '사람다운 사람', 하나님의 은혜를 통해 거룩한 새 사람을 양성하는 것이 백석학원의 교육 목표였습니다.

1885년 언더우드(H. G. Underwood, 1859-1916) 선교사의 입국 후 136년이 지난 오늘날 한국 장로교회는 개신교 여러 교파들 가운데 가장 큰 교세를 이루고 있습니다. 대한복음신학교가 설립되었던 시기 한국 장로교회의 상황을 살펴보면, 신학교가 이미 여럿 있었음에도 왜 우리 학교를 세워야 했는지 알 수 있을 것입니다. 그리고 이것은 우리 총회의 설립 배경이라고 할 수 있습니다.

한국 장로교회는 1907년 9월 17일 평양 장대현교회에서 조선전국 독(獨)노회가 조직됨으로써 공식 출범했으며, 1912년 산하에 7개 노회를 둔 대한예수교장로회 총회로 그 최종적 조직을 갖추었습니다. 우리나라에 온 장로교 선교사님들은 자신들을 파송한 총회가 서로 달랐지만 힘든 과정을 거쳐 결국 단일 장로교회를 설립했습니다. 조선 땅에 하나의 장로교회를 세우려는 의지를 확고하게 가지고 있었기 때문입니다.

그것은 한국교회와 우리 민족을 사랑하는 마음이 없었다면 불가능했던 일이었습니다. 미국과 캐나다, 그리고 호주의 모국 교회 후원과 영향을 받고 있는 상황에서 선교사님들이 모든 기득권을 내려놓고 단일 장로교회를 세운 것은 결코 쉽지 않은 일이었습니다. 한국에 하나의 장로교회가 설 수 있었던 것은 복음의 선한 영향력을 위해 자신만의 기준과 욕심을 내려놓은 선교사님들의 숭고한 믿음이 있었기 때문입니다. 또한 시간이 지나면서 선교사님들은 모든 권한을 한국 사람들에게 넘겨주고 한국교회가 자립할 수 있도록 적극 협조했습니다.

한국에 단일 장로교회가 설 수 있었던 이유 중 하나가 '1907년 대부흥운동'이었습니다. 1903년 원산에서 시작된 부흥운동이 다른 지역으로 점점 확산되었고, 한국교회는 독노회를 설립하기 전에 1907년 대부흥운동을 통해 성령의 뜨거운 역사로 거듭나는 경험을 하게 되었습니다. 교회 설립의 역사는 반드시 성령의 역사이어야 함을 보여주신 것입니다. 복음이 우리나라에 전파되기 이전부터 한글 성경 번역을 통해 복음의 역사를 준비하신 것이 하나님의 첫 번째 은혜였습니다. 성경을 집중적으로 배우고 기도하는 사경회를 통해 성령의 역사를 일으키신 것은 교회를 교회되게 하시려고 하나님이 한국교회에 주신 또 다른 은혜였습니다. 말씀과 성령의 이러한 역사가 있었기에 한국교회는 그 후 수많은 고난 속에서도 오늘에 이르게 된 것입니다.

일제 강점기의 혹독한 시련과 6·25한국전쟁의 참혹한 고난 속에서도 하나의 교회를 유지해 온 한국교회는 신사참배 문제와 자유주의 신학 유입이라는 시대적 문제를 해결하지 못해 분열하기 시작했습니다. 1952년 고려신학교를 중심으로 하는 고려파가 총회 측과 갈라섰고, 1953년 기장 측이 분립했으며, 1959년에는 합동 측과 통합 측이 분열했습니다. 고려파의 분립은 신사참배에 앞장섰던 친일파 목사들이 경남노회의 주도권을 잡자 '출옥 성도'들이 노회 탈퇴를 선언하고 새로운 노회를 조직함으로써 시작되었습니다. '회개운동'으로 시작되었던 대부흥운동의 정신을 잃어버리고 참다운 회개를 하지 못해 교회가 분열하게 된 것입니다.

한국 장로교회에서 신학사상이 문제가 된 것은 1925년 캐나다 장로교회의 연합교회 가입으로 인한 재한 선교사들 사이의 신학적 분열과 1934년 제23회 장로회 총회에 제소된 창세기의 모세 저작 부정 문제 및 여성안수 문제가 그 효시라고 할 수 있습니다. 하지만 보수주의와 자유주의가 신학적으로 대립한 일은 1940년 이래 조선신학교에서 가르쳤던 김재준 교수가 해방 후부터 보수주의 신학에 대해 공공연하게 도전함으로 시작되었습니다. 그것은 1947년 김재준 교수의 자유주의 신학사상에 불만을 품은 조선신학교 학생들이 장로회 총회에 진정서를 냄으로 마침내 교회 분열로 이어지고 말았습니다.

1959년 합동 측과 통합 측이 서로 분열한 요인은 복합적이었는데, 박형룡 교수의 신학교 부지 구입비 부정 지출과 WCC 탈퇴, 그리고 제44회 대전 총회에 참석할 경기노회 총대 선정 문제가 서로 얽혀 있었습니다. 그런데 신학과 교리 차이를 명분으로 내세웠지만, 이 분열의 결정적 요인은 교권 다툼이었습니다. 양 측은 다시 하나가 되기 위해 애썼고, 연합을 위한 시도가 몇 차례 있었지만, 결국 실패하고 말았습니다.

그 후 합동 측에서는 지역 갈등으로 인해 교권 다툼이 계속되었습니다. 1979년에 비주류파가 탈퇴하여 합동보수 교단을 세웠고, 이후 계속 분열해서 80개가 넘는 교단으로 갈라지고 말았습니다.

한국 장로교회가 분열한 역사를 보면 신학적 입장의 분명한 차이로 인한 분열은 손에 꼽을 정도이고, 대부분은 교권 다툼과 관련된 분열이었습니다. 저는 한국 장로교회가 이렇게 분열하고 난립하는 일을 심각한 위기로 인식했습니다. 뒷전에 밀려 있는 복음의 권위를 회복하기 위해 설립한 학교가 바로 '대한복음신학교'였습니다. 대한복음신학교 출신들이 오직 예수 그리스도의 생명의 복음에 기초해서 목회할 수 있도록 세운 총회가 우리 백석총회의 전신인 "대한예수교장로회 복음총회"였습니다.

3
백석총회의 설립 정신

　　백석총회의 설립 정신은 총회를 설립할 당시 제시했던 『교단선언문』에서 찾을 수 있습니다.

(1) 교리: 성경을 근본으로 하는 '개혁주의'

　　백석총회의 교리적 입장은 매우 명확합니다. "성경을 근본으로 하는 칼빈주의"입니다. 역사적 개혁주의의 입장을 따라 성경이 "절대 무오의 유일한 하나님의 말씀임과 우리의 신앙과 생활의 기준이 됨"

을 강조하였습니다. 신앙과 삶의 유일한 표준이 성경임을 강조한 것입니다. 비록 한국교회 역사 속에서 43년이라는 짧은 역사를 가졌음에도 불구하고 우리 총회는 사도들로부터 계승되어 온 건전한 전통과 "사도적 신앙의 토대 위에 세워진 기독교 교회가 고백해 온 신조"를 충실히 따르고 있습니다.

우리 백석총회는 전통과 역사를 자랑하는 교단들과는 달리 외국 선교회는 물론 개인과 단체의 지원과 후원을 한 번도 받지 않았습니다. 성경만이 우리 신앙과 삶의 모든 문제에 해답을 준다는 믿음을 가지고 오직 하나님의 초자연적 은혜로 지금까지 온 것입니다.

(2) 정치: 장로제

백석총회는 "성경적 교회의 유일한 대의정치 체제"인 "장로정치 체제"를 취하고 있습니다. 국가가 신앙을 무분별하게 제약하는 일을 거부합니다. "교회와 국가의 관계에서 정교분리의 원칙"을 기초로 삼기 때문입니다. 개인의 정치 참여는 인정하지만, 교회 차원의 정치 참여는 거부합니다.

장로제는 장로교회의 정치형태로서, 모든 성도가 하나님 앞에서 평등하며, 장로와 장로가, 목사와 목사가, 교회와 교회가 서로 평등함을 강조합니다. 그래서 교회에 계층 구조나 계급 구조를 두어야 한다는 교계제도(hierarchy)를 반대합니다. 또한 모든 교회가 그리스도의 몸으로서 유기적이기 때문에 서로 연합해야 한다고 믿습니다. 특히 장로교회는 감독교회와 달리 특정 직분자에게 절대적 권위를 부여하지 않으며, 회중교회와 달리 회중의 결정을 절대시하지 않습니다. 장로제는 회중이 선출한 장로(목사와 장로)가 교회의 치리를 담당하는 제도입니다. 장로교회는 개 교회의 독립과 평등, 자율을 강조하면서도 교회는 그리스도의 몸이라는 점에서 연합과 일치를 강조합니다. 감독제와 장로제, 회중제는 모두 종교개혁 이후에 생성된 정치체제인데, 이 제도들은 교황제의 교계주의를 거부한 데서 비롯되었습니다.

(3) 생활: 성경이 답이다!

우리 총회의 선언문이 강조하듯이, "우리는 성경을 우리의 신앙과 생활의 유일한 기준으로 하여, 역사적, 전통적, 기독 교회의 유신론의 토대 위에서 하나님 중심, 말씀 중심, 교회 중심"의 생활을 지향합니다. 이는 신학이 단지 학문이 아니라 생활 속에서 하나님 중심, 말씀 중심, 교회 중심으로 실천 되어야 함을 의미합니다. 설립 초기부터 우리 총회는 우리 신앙과 삶의 모든 문제의 해답이 성경임을 고백한 것입니다. 제가 신학교와 교단을 설립한 이후 "성경이 답이다!"라고 끊임없이 외쳐 온 것은 그것이 우리 총회의 설립 정신이며 우리가 가장 중요하게 생각해야 할 가치이기 때문입니다.

(4) 백석총회의 사명

우리 총회가 시작하며 선언한 사명은 다음과 같습니다. 첫째, "사도적 신앙고백의 터 위에 진정한 성경적 교회를 수립"하는 것입니다. 둘째, "나라와 민족과 지역을 초월하여 예수 그리스도께서 다시 오실 때까지 복음을 전파"하는 것입니다. 셋째, "성경적 기독교 유신론에 입각하여 하나님의 일반은총 분야를 하나님의 뜻에 순종하여 계발 정진"시켜 나아가는 것입니다.

1978년 발표된 『교단선언문』은 43년의 역사를 이어오면서 신학적으로 발전하여 현재 백석총회의 신학적 근간인 개혁주의생명신학이 되었습니다. '복음총회'라는 이름이 강조하고 있으며 우리 총회의 사명으로 선언했던 '복음 전파'라는 원리는 "신학은 학문이 아니라 예수 그리스도의 생명의 복음"이라는 선언으로 발전하였습니다. 한국교회의 부흥과 성장이 1980년대에 이르러 정체에 빠지게 된 근본 이유가 잘못된 신학 교육에 있다는 점을 지적한 것입니다. 또한 가장 성경적인 신학인 개혁주의신학을 가르친다 해도 예수 그리스도의 생명이 없이는 한국교회를 살릴 수 없다고 주장한 것입니다.

'성경으로 돌아가자'는 개혁주의를 신학 강단에서 말로만 외칠 뿐, 실제 삶에서는 성경대로 살지 않는 것이 오늘날 개혁주의신학의 근본적인 문제입니다. 한국교회가 복음 전파의 사명을 제대로 감당하기 위해서는 예수 그리스도의 생명력을 회복해야 한다고 강조하는 이유가 여기에 있습니다. 죽어가는 개혁주의신학을 예수 그리스도의 생명으로 살리는 것이 바로 개혁주의생명신학입니다. 개혁주의신학을 실천하기 위한 운동으로서 개혁주의생명신학 7대 실천운동을 제시한 것도 이런 배경에서입니다.

4

백석총회의 신학 정체성:
개혁주의생명신학

(1) 개혁주의생명신학의 주창 배경

개혁주의생명신학이 개혁주의신학과 동일한 신학이라면, 개혁주의생명신학은 왜 필요합니까? 개혁주의신학은 성경에 비추어 보아 올바른 것은 따르고 잘못된 것은 고쳐나가는 신학입니다. 개혁주의생명신학은 16세기 종교개혁자들의 가르침인 개혁주의신학을 계승합니다.

16세기 종교개혁이 교회와 전통을 성경보다 앞세운 중세교회의 잘못을 바로잡아 성경의 권위를 회복한 운동이라면, 개혁주의생명신학은 오늘날 신학자와 목회자들이 자신들이 배운 신학을 성경보다 앞세우는 잘못을 바로잡아 성경의 권위를 회복하기 위한 운동입니다.

개혁주의신학을 표방하는 한국의 많은 교회들, 특히 한국 장로교회는 개혁주의를 말로만 외칠 뿐 실제 삶에서는 성경을 따라 살지 않고 있습니다. 그래서 저는 2003년 10월 24-25일 백석대학교(당시 천안대학교)에서 개최된 한국복음주의신학회 제2차 국제학술대회에서 "신학은 학문이 아니다"라는 제목으로 폐회예배 설교를 한 이후로 지금까지 신학 교육의 개혁을 계속 외쳐오고 있습니다. 당시 참석했던 많은 신학자들이 제 설교를 듣고 충격을 받았으며, '신학이 학문이 아니라면 과연 나는 무엇을 하고 있는 것인가?'라는 의문을 갖기도 했습니다.

저는 "신학은 학문이 아니다"라는 선언을 한 이후, 그 선언에 기초해서 한국교회의 개혁을 지난 20년 가까이 외쳐왔습니다. 한국교회 개혁은 신학 교육 개혁에 있다고 생각합니다. 신학교 운영자로서 저는 한국교회의 문제는 목회자의 문제요, 목회자의 문제는 신학자의 문제이며, 신학자의 문제는 저를 비롯한 신학교 운영자의 문제라고 지속적으로 강조해 왔습니다.

저는 한국 보수 신학계의 중진이라 할 수 있는 한 신학교수로부터 "신학이 발달하고 신학자가 많아질수록, 교회는 점점 쇠퇴하게 된다"

라는 말을 듣고 충격을 받았습니다. 과거에 서유럽과 미국의 교회는 선교에서뿐 아니라 신학에서도 귀한 사역을 감당했습니다. 우리나라 교회의 시작과 성장도 유럽과 미국에서 온 선교사들이 씨를 뿌린 결과였습니다. 그런데 역사와 전통을 자랑했던 유럽의 교회들은 지금 성도들이 없어 극장이나 식당으로 전락하고 있습니다. 미국의 주류 교회 역시 쇠락의 길을 걷고 있습니다. 이는 목회자나 신학자가 아니더라도 교회와 신앙에 관심이 있는 분들이라면 모두 알고 있는 사실입니다.

그런데 지금까지 많은 신학자들은 쇠락하는 한국교회에 문제가 있다고 하면서도 대안은 제시하지 못하고 있습니다. 신학자와 목회자의 관계가 점점 단절되면서 목회 현장에 대한 깊은 이해가 신학자들에게 부족하기 때문입니다. 교회를 살리는 신학, 생명을 살리는 신학을 하지 않고 지적 정보만 제공하며 머리만 키우는 신학에 집착했기 때문입니다.

유럽과 미국의 교회가 쇠락한 것은 신학이 학문으로만 발전해서 예수 그리스도의 생명이 사라졌기 때문입니다. 이론만 무성한 서구 신학의 나무에는 열매가 없습니다. 그런데도 우리 한국교회와 신학자들은 그 생명 없는 나무, 그 말라버린 나무를 가져다가 우리 땅에 심으려고 여전히 서구신학 전수에 목을 매고 있습니다. 이런 상황에서 저는 우리 한국교회가 미국과 유럽의 전철을 밟지 않기 위해서 할 수 있는 것이 무엇인가를 고민하고 기도하는 가운데 "신학은 학문이 아니라 예수 그리스도의 생명의 복음이다"라고 외치게 된 것입니다.

(2) 개혁주의생명신학의 본질

① 개혁주의를 실천하기 위한 운동

신학은 학문이 아니라 예수 그리스도의 생명의 복음임을 강조하면서 출발한 개혁주의생명신학은 개혁주의신학과 동일한 신학입니다. 학교와 총회를 설립하던 초기부터 우리가 표방해 온 '개혁주의신학'과 동일한 것입니다. 하지만 개혁주의신학을 표방하는 한국교회들, 특별히 한국 장로교회가 그리스도의 몸 된 교회를 갈라놓은 분열 상황과 한국교회의 세속화를 바라보면서 개혁주의생명신학을 한국교회 회복의 대안으로 주창하게 되었습니다. 거룩하고 영광스러웠던 한국교회가 왜 이렇게 되었는지 고민하고 기도하는 가운데 사변화된 신학을 반성하고 하나님 말씀에 순종하는 신학으로 돌아가야 한다는 확신을 갖게 되었습니다.

처음 총회를 설립하여 오늘에 이르기까지 저는 종교개혁자 루터와 츠빙글리, 그리고 칼빈 등의 신학을 기초로 삼아 발전해온 개혁주의신학이 가장 성경적인 신학이라고 믿고 있습니다. 그런데 말로는 보수를 외치고 정통을 외치면서도 성경대로 살지 못하는 한국교회의 목회자들과 신학자들을 바라보면서 개혁주의신학의 실천을 위해 개혁주의생명신학을 다음과 같이 정의하게 된 것입니다.

개혁주의생명신학은 성경의 가르침과 개혁주의신학을 계승하여, 사변화된 신학을 반성하고, 회개와 용서로 하나 되며, 예수 그리스도께서 주신 영적 생명을 회복하고자 하는 신앙운동이다. 그리하여 성령의 도우심으로 삶의 모든 영역에서 예수 그리스도의 주권을 실현함으로써 오직 하나님께 영광을 돌린다. 이를 위해 나눔운동과 기도운동과 성령운동을 통해 자신과 교회와 세상을 변화시키는 역동적인 실천을 도모한다.

개혁주의신학은 종교개혁자들을 본받아 성경이 우리의 신앙과 삶의 유일한 표준이라고 믿고 순종하는 신학입니다. 그런데 개혁주의신학을 실천하지 못하는 현실에 대해 자성과 비판의 목소리는 높은 반면, 대안을 찾지 못하는 상황이 너무나 안타까웠습니다. 선교 초기 한국교회는 신학적으로는 미약했지만 복음의 능력은 차고 넘쳤습니다. 힘들고 어려운 시간이 끊임없이 이어졌지만, 한국 기독교는 빛과 소금의 사명을 감당하며 우리 민족의 소망이 되었습니다.

그런데 경제적으로 풍요로워지고 삶이 윤택해지면서 십자가와 부활의 복음 선포를 소홀히 하기 시작했습니다. 예수 그리스도의 생명의 복음이 있어야 할 자리에, 세상의 지식과 논리들이 넘쳐나기 시작했습니다. 목회자들의 설교가 성도들에게 지적 만족은 주지만, 회개와 용서의 삶으로 이어지지는 못했습니다. 지적으로 공감되는 설교라 할지라도 예수 그리스도의 생명이 없으면 그 설교는 성도들의 영혼을 메마르게 하기 때문입니다.

한국교회가 영적 생명력을 다시 회복하려면, 목회자들이 먼저 영적 생명을 회복해야 합니다. 그러기 위해서는 목회자 후보생을 양성하는 신학자들과 저를 비롯한 신학교 운영자들이 변해야 합니다. 그래서 개혁주의신학을 말로만 하지 말고 삶으로 실천하자는 취지에서 개혁주의생명신학을 주창하게 된 것입니다.

개혁주의생명신학이 강조하는 '생명'(life)은 '영원한 생명,' 즉 '예수님의 생명'을 말합니다. 자연 환경과 생태계를 말하는 생명이 아니라 예수 그리스도의 '영적 생명'을 의미하는 것입니다. 요한복음 10장 10절은 "내가 온 것은 양으로 생명을 얻게 하고 더 풍성히 얻게 하려는 것이라"라고 말씀하셨습니다. 개혁주의생명신학은 예수님의 생명을 풍성히 받아서 세상에 전하고 나누는 신학입니다.

개혁주의신학이 아무리 좋은 신학이라고 해도 예수 그리스도의 생명이 빠진 학문적 노력에 불과하다면 영혼을 살리는 신학이 될 수 없습니다. 개혁주의생명신학은 개혁주의신학을 계승하여 실천할 수 있도록 하는 신학입니다. 힘과 능력을 우리에게 주시는 분이 오직 예수 그리스도이심을 고백하며 "그리스도가 내 안에, 내가 그리스도 안에 있는" 삶을 통해 하나님 말씀에 순종하는 신학입니다.

② 성경의 권위를 회복하는 운동
개혁주의생명신학은 성경의 권위 회복을 강조합니다. 많은 교회와 신학교가 개혁주의신학을 표방하고 있음에도 불구하고 영적 생명력을 상실한 것은 성경의 권위를 인정하지 않았기 때문입니다. 설교자가 강단에서 설교할 때 "모세가 말했다," "다윗이 말했다," "바울이 말했다"라고 하는 것은 성경의 저자를 성령님이 아니라 사람으로 여기기 때문입니다.

하지만 사람은 성경의 기록자에 불과합니다. 베드로후서 1장 20-21절은 "먼저 알 것은 성경의 모든 예언은 사사로이 풀 것이 아니니 예언은 언제든지 사람의 뜻으로 낸 것이 아니요 오직 성령의 감동하심을 받은 사람들이 하나님께 받아 말한 것임이라"라고 말씀하셨습니다. 성경은 성령의 감동하심을 받은 사람들이 하나님께 받은 말씀을 기록한 것입니다. 그러므로 성경을 단지 인간의 말처럼 생각하여 사사로이 풀어서는 안 됩니다.

에베소서 1장 17절은 "우리 주 예수 그리스도의 하나님, 영광의 아버지께서 지혜와 계시의 영을 너희에게 주사 하나님을 알게 하시고"라고 말씀하셨습니다. 성령의 영감으로 기록된 성경은 오직 하나님께서 지혜와 계시의 영을 주실 때에만 올바로 이해할 수 있습니다. 성경의 권위를 인정하고 성령님께 귀 기울일 때 한국교회는 영적 생명력을 회복할 수 있습니다. 우리가 성경의 권위를 인정한다면 "모세가 말했다"라고 하지 말고 "하나님께서 모세를 통해 말씀하셨다"라고 해야 합니다. "다윗이 말했다"라고 하지 말고 "하나님께서 다윗을 통해 말씀하셨다"라고 해야 합니다. "바울이 말했다"라고 하지 말고 "하나님께서 바울을 통해 말씀하셨다"라고 해야 합니다.

디모데후서 3장 16절은 "모든 성경은 하나님의 감동으로 된 것으로 교훈과 책망과 바르게 함과 의로 교육하기에 유익하니"라고 말씀하셨습니다. 성경이 하나님의 영감으로 기록되었다는 사실을 믿을 때 하나님의 능력이 나타납니다. 그리고 성경이 교훈과 책망과 바르게 함과 의로 교육하기에 합당하며 신앙 교육과 경건 훈련을 위한 완전한 계시임을 믿어야 합니다. 역사적으로 개혁주의신학은 성경의 명료성과 확실성, 충족성을 강조해 왔습니다. 성경은 우리를 구원으로 인도하는 가장 명확하고 확실한 책인 동시에 우리 신앙과 삶의 모든 문제에 대한 해답입니다.

신학자와 목회자들이 자신이 전수받은 신학을 성경의 권위보다 앞세운 결과, 한국교회가 생명력을 잃어버리기 시작했습니다. 한국교회가 침체하기 시작한 것은 1980년에 신학대학원이 교육부로부터 정식 인가를 받은 것과 무관하지 않습니다. 무인가 신학교 시절 교과과정은 성경 중심의 교육 방식으로 이루어졌지만, 신학교가 정식 인가를 받아 학위 중심으로 전환되면서 학문 체계만 강조하고 성경 교육에는 소홀하게 되었습니다. 미국과 유럽에서 공부한 신학자들이 대거 신학교 강단에 서게 되면서 서구의 커리큘럼이 걸러지지 않고 그대로 한국 신학 교육 과정을 장악하게 되었습니다.

저를 비롯한 신학교 운영자들이 해외에서 박사학위를 받은 분들을 교수로 영입한 것은 신학교를 발전시키고 교육의 질을 높이기 위해서였습니다. 하지만 그 결과는 기대와 많이 달랐습니다. 신학은 점점 사변화되었고, 수업 전에 울려 퍼지던 찬송과 통성기도 소리는 점차 사라지게 되었습니다. 이것이 오늘날 한국의 신학교가 쇠퇴하게 된 이유이고, 한국교회가 영적 생명력을 잃어버린 원인입니다.

한국의 신학교는 다시 기도원 같이 되어야 합니다. 기도의 용광로가 되어서 무릎 꿇고 기도하는 신학생들을 목회자로 양육하여 배출해야 합니다. 그러기 위해서는 신학자들이 먼저 무릎 꿇고 기도해야 할 것입니다. 성경을 사랑하고 말씀에 순종하면서, 신학을 학문이 아니라 예수 그리스도의 생명의 복음으로 선포해야 할 것입니다. 그렇게 할 때 한국교회는 십자가와 부활의 신앙을 회복할 것이며, 성경의 권위도 회복될 것입니다.

③ '5대 솔라'와 '7대 실천운동'

중세교회는 교황의 권위와 교회의 전통을 성경 위에 두는 잘못을 범했습니다. 500여 년 전 종교개혁자들은 이런 잘못된 가르침에 맞서 '5대 솔라'라는 신앙 원리를 정립했습니다. '5대 솔라'는 '오직 성경,' '오직 그리스도,' '오직 믿음,' '오직 은혜,' '오직 하나님께 영광'입니다. 이는 성경에 근거한 가르침으로 개혁주의신학의 핵심입니다. 종교개혁자들은 '신학적 원리'가 아니라 '성경적 원리'를 따라 교회를 개혁했습니다. 사도들로부터 계승되어 온 건전한 전통을 인정하면서 성경을 기준으로 성경적 교회상을 회복하려고 한 것입니다.

그러나 오늘날 개혁주의신학은 종교개혁의 정신을 잃어버렸습니다. 학문과 교리는 붙들면서도 성경 말씀에 순종하는 삶은 소홀히 함으로 복음의 생명력을 약화시켰습니다. 우리 총회가 설립 당시부터 성경적 교회상의 구현을 목적으로 했던 것은 성경을 기준으로 날마다 개혁하는 교회가 되기 위해서였습니다. '5대 솔라'는 성경의 원리이기 때문에 종교개혁 당시 뿐 아니라 오늘날, 그리고 앞으로도 계속 준수해야 할 지침들입니다. 한국교회와 우리 총회는 '5대 솔라'를 중심으로 하는 개혁주의생명신학을 실천할 때 진정한 개혁을 이룰 수 있을 것입니다.

우리 총회는 '백석'으로 교단 명칭을 바꾼 뒤, 2010년 5월 21일 '백석전진대회'를 개최하여 우리의 신학적 정체성을 대내외적으로 표명하였습니다. 신학자와 목회자, 신학생과 성도들 4만여 명이 수원월드컵경기장에 모여 「개혁주의생명신학 선언문」을 우리의 신앙으로 고백하였습니다. 당시 발표된 「개혁주의생명신학 선언문」은 2014년 11월 1일에 일부 개정을 거쳐 현재 우리 총회가 신앙고백으로 채택하여 사용하고 있는 7대 실천운동이 되었습니다. 기도운동과 성령운동을 하나로 묶어 '기도성령운동'으로 하였고, 회개와 용서로 하나되는 한국교회가 되기를 원하는 염원을 담아 '회개용서운동'을 추가한 것입니다.

한국교회 분열을 극복하기 위해서는 무엇보다도 서로를 향한 불신과 비방을 그치고 회개와 용서로 하나되어야 합니다. 분열의 뼈아픈 역사를 청산해야 합니다. 그리고 우리의 죄를 회개하고 서로 하나되어야 합니다. 그렇지 않으면 예수 그리스도의 생명의 역사를 이어갈 수 없습니다. 우리 총회는 종교개혁 500주년을 기념하여 2017년 9월 14일 총회에서 「개혁주의생명신학 선언문」을 총회의 신앙고백으로 채택하였습니다. 「개혁주의생명신학 선언문」은 종교개혁의 입장을 지지하는 한국교회 전체가 고백할 수 있는 내용으로 작성되었습니다.

개혁주의신학의 핵심인 '5대 솔라'는 500년 전에만 효력이 있었던 것이 아닙니다. 오늘날 성경을 기준으로 살아가려는 우리에게도 여전히 유효한 신앙 원리입니다. 「개혁주의생명신학 선언문」은 '5대 솔라'가 단지 종교개혁자들의 신앙을 대변하는 구호에 그치지 않고 우리가 삶으로 살아내야 할 하나님 말씀의 원리임을 강조하고 있습니다.

「개혁주의생명신학 선언문」에 포함된 '5대 솔라'와 그 부제들은 종교개혁자들이 외친 '5대 솔라'를 현재 상황에 맞게 재해석한 것으로 다음과 같습니다.

'오직 성경': 성경을 통하여 말씀하시는 성령
'오직 그리스도': 십자가와 부활의 삶
'오직 믿음': 순종하는 믿음과 기도
'오직 은혜': 용서와 화해의 복음
'오직 하나님께 영광': 희생과 봉사의 삶

종교개혁자들의 개혁 원리를 구체적으로 실천할 수 있는 방법이

7대 실천운동입니다. 개혁주의생명신학은 '5대 솔라'를 통해 한국교회의 연합과 일치를 추구하면서, 그것을 구체적으로 실천하기 위한 방법으로 7대 실천운동을 전개해 왔습니다. 「개혁주의생명신학 선언문」은 이를 다음과 같이 표현합니다.

우리는 16세기 종교개혁자들로부터 물려받은 개혁주의신학이 가장 성경적인 신학이라고 믿는다. 개혁주의생명신학은 그리스도께서 내 안에 사시고 내가 그리스도 안에 사는 영적 삶을 통해 개혁주의신학을 실천하는 운동이다.

첫째, 성경만이 우리의 신앙과 삶의 유일한 표준임을 믿고, 개혁주의신학을 계승하는 신앙운동이다.

둘째, 사변화된 신학을 반성하고, 하나님의 말씀으로 돌아가기 위하여, 신학은 학문이 아니라 예수 그리스도의 생명의 복음임을 고백하는 신학회복운동이다.

셋째, 하나님 앞에서 자신을 돌아보고 회개하며, 서로를 용납하여 하나 됨을 추구하는 회개용서운동이다.

넷째, 우리 속에 예수 그리스도의 영을 회복하여 복음으로 사람을 변화시키는 영적생명운동이다.

다섯째, 성령의 도우심으로 우리의 신앙과 삶의 모든 영역에서 예수 그리스도의 주 되심을 실현하는 하나님나라운동이다.

여섯째, 예수 그리스도께서 세상을 위하여 자신을 희생하신 것같이 우리가 받은 모든 것을 세상과 이웃을 위하여 나누고 섬기는 나눔운동이다.

일곱째, 오직 성령만이 개혁주의생명신학 실천운동을 가능하게 하심을 고백하며, 모든 일에 성령의 인도하심과 역사하심을 구하는 기도성령운동이다.

7대 실천운동은 신학은 학문이 아니라 영적 생명을 살리는 복음이어야 한다는 개혁주의생명신학의 정신을 잘 반영하고 있습니다. 그래서 예수 그리스도의 십자가 희생을 통해 구원을 받은 우리는 복음의 능력으로 교회와 세상을 변화시키는 마중물이 되어야 한다고 가르칩니다.

④ 교회를 회복시키는 성령운동

개혁주의신학을 계승하는 개혁주의생명신학은 성경에 대한 강조와 함께 성령의 역사를 강조합니다. 그래서 개혁주의생명신학은 '오직 성경'을 '성경을 통하여 말씀하시는 성령'으로 이해합니다. 오늘날 개혁주의신학에는 아쉬운 점이 있습니다. 성령에 대한 강조가 부족하다는 것입니다.

신학은 학문이 아닙니다

하지만 개혁주의신학이 본래부터 그랬던 것은 아닙니다. 원래 개혁주의신학은 하나님 말씀의 중요성을 강조하면서도 성령의 역사에 대한 사모함이 있었습니다. 초기 개혁주의 신학자인 츠빙글리는 루터에게 열광주의자란 비판을 들을 정도로 성령을 강조하였습니다. 대표적인 개혁주의 신학자 칼빈도 "성령의 신학자"라 불릴 정도로 성령 하나님의 역사를 중시했습니다.

개혁주의신학이 성령 하나님의 역사를 제대로 강조하지 못하게 된 것은 교회 역사 속에 나타난 논쟁과 무관하지 않습니다. 급진 종교개혁자들 가운데 일부가 성령의 사역을 지나치게 강조하다가 개인적 체험을 성경 말씀보다 중시하게 되었으며, 그 결과 건전한 교리 전통까지 부정하기에 이르렀습니다. 개혁주의 신학자들은 성경 말씀과 분리된 채 성령의 직접 계시만을 주장하는 신령파나 열광주의자들에 맞서 싸워야 했습니다. 개혁주의 신학자들은 이렇게 극단적인 입장을 경계하다가 성령님의 역사에 소극적인 태도를 갖게 되었습니다. 그 결과 신학과 경건에서 성령 하나님의 중요성을 약화시켰고 성령님의 사역을 중시하지 않게 되었습니다.

하지만 초대교회부터 교회의 역사(歷史)는 언제나 성령의 역사(役事)였습니다. 사도행전 1장 8절은 "오직 성령이 너희에게 임하시면 너희가 권능을 받고 예루살렘과 온 유대와 사마리아와 땅 끝까지 이르러 내 증인이 되리라 하시니라"라고 말씀하셨습니다. 교회가 예수 그리스도의 증인이 될 수 있었던 것은 성령 충만의 결과였습니다.

사도들로부터 계승되어 온 건전한 전통을 따르는 교회는 하나님 말씀뿐 아니라 성령님의 사역도 강조해 왔습니다. 말씀을 강조한다고 하면서 기도하지 않고 영적으로 메말라가는 모습을 보면 참으로 안타깝습니다. 반대로 기도에 힘쓰며 성령 충만을 구한다고 하면서 성경 말씀을 소홀히 하는 모습 또한 경계해야 할 것입니다. 성경 말씀의 권위와 능력뿐 아니라 성령 하나님의 역사도 인정할 때 우리의 신앙과 신학은 균형을 회복할 것입니다.

성경에 비추어 보아 잘못된 것은 고치는 것이 개혁주의신학입니다. 개혁주의신학은 성령님의 역사에 대한 강조를 회복해야 합니다. 한국교회와 세계교회가 성령 안에서 다시 하나되고, 교회의 거룩성을 회복할 수 있는 길은 성령께로 돌아가는 것입니다. 성령 안에서 하나되지 못하고 분열했던 고린도 교회를 향해 하나님께서는 "형제들아, 신령한 것에 대하여 나는 너희가 알지 못하기를 원하지 아니하노니"(고전 12:1)라고 말씀하셨습니다. 우리도 고린도교회처럼 이 말씀에 귀를 기울이고 성령의 역사를 간절한 마음으로 사모해야 합니다. 자신이 기준이 되어 교회를 분열시키는 사람들이 아니라 하나님의 말씀을 기준으로 성령 안에서 겸손히 행하는 사람들이 되어야 할 것입니다. "모든 은사에 부족함이 없이 우리 주 예수 그리스도의 나타나심"을 기다리기 위해서입니다(고전 1:7).

개혁주의신학은 구원론에는 관심이 많지만 성령님에 대해서는 무관심하다는 오해를 종종 받습니다. 하지만 구원의 핵심이라 할 수 있는 칭의와 성화는 철저히 성령님의 사역입니다. 성령 하나님은 "생명의 성령"이십니다(롬 8:2). 성령 하나님은 우리를 영원한 생명이신 예수 그리스도와 연합하게 하셔서 우리에게 새 생명을 주시는 분이십니다. 성령님 덕분에 우리는 예수 그리스도와 연합하여 칭의와 성화라는 '이중의 은혜'를 받게 됩니다. 그래서 성령은 "구원의 적용을 이루시는 유일한 동인"(『웨스트민스터 신앙고백서』 9장 3항)이십니다. 우리는 오직 성령의 새롭게 하심을 통해서 구원을 얻습니다. 그런 면에서 성령께서 구원에서 하시는 역할의 중요성은 아무리 강조해도 지나치지 않습니다.

물론 우리는 성령의 사역에 대해서 뿐 아니라 성령의 열매에도 관심을 기울여야 합니다. 성령께서 우리 안에 역사하시면 반드시 성령의 열매를 맺게 됩니다. 갈라디아서 5장 22-23절은 "오직 성령의 열매는 사랑과 희락과 화평과 오래 참음과 자비와 양선과 충성과 온유와 절제니 이같은 것을 금지할 법이 없느니라"라고 말씀하셨습니다. 성령님의 인도를 받는 사람은 사랑할 수 없는 사람을 사랑하고 용서할 수 없는 사람을 용서해야 합니다. 사람들 사이에 화평을 도모하는 사람으로 살아가야 합니다. 오래 참아야 합니다. 이 모든 일은 인간의 힘으로 감당할 수 없습니다. 성령님께서 도와 주셔야만 가능한 성령의 열매들입니다. 하나님께서는 "이는 힘으로 되지 아니하며 능력으로 되지 아니하고 오직 나의 영으로 되느니라"(슥 4:6)라고 말씀하셨습니다. 범사에 감사하고 쉬지 말고 기도할 수 있는 것, 우리 앞에 있는 여러 큰 산들을 평지가 되게 하는 것도 오직 주의 성령을 통해 가능합니다.

한국교회가 선교 초기 정치 상황이 매우 어려웠음에도 불구하고
교회다움을 잃지 않았던 것은 1907년 '대부흥운동'이 성령의 역사로
평양에서 시작되어 전국으로 확산되었기 때문입니다. 대부흥운동을
통한 성령의 역사로 한국교회는 근대화의 물결 속에서도 신앙의 순수
성을 유지할 수 있었습니다.

그래서 개혁주의생명신학은 성령의 사역을 강조합니다. 개혁주의
신학의 전통을 올바로 계승하고 교회에 예수 그리스도의 생명을 회복
하는 유일한 길이 성령님의 역사에 달려 있다고 믿습니다. 성령에 대
한 신학적 논의를 많이 하는 것이 아니라 무릎 꿇고 성령의 도우심을
구하는 '기도성령운동'만이 개혁주의생명신학을 실천할 수 있게 하는
원동력입니다. 성령의 이러한 역사가 다시 일어나야 한국교회가 예수
그리스도의 생명력을 회복할 수 있습니다. 이 일에 개혁주의생명신학
이 큰 역할을 감당하게 되길 바랍니다.

5
백석총회의 비전

잠언 29장 18절은 "묵시가 없으면 백성이 방자히 행하거니와 율법을 지키는 자는 복이 있느니라"라고 말씀하셨습니다. 묵시는 선지자들을 통하여 주시는 하나님의 계시입니다. 성경 66권이 완전한 계시로서 존재하기에 더 이상의 계시는 필요하지 않습니다. 그러나 하나님의 말씀으로 시대를 읽고 선포하는 선지자적 메시지는 오늘과 내일, 그리고 주님께서 다시 오실 때까지 반드시 필요합니다. 한국교회가 힘을 잃어가고 있는 가장 근본적인 이유는 선지자적 사명을 감당하지 못한 목회자에게 있습니다. 목회자의 문제는 그들을 가르친 신학자의 문제입니다. 신학자의 문제는 그들을 교수로 임용한 저와 같은 신학교 운영자의 문제입니다.

한국교회 쇠퇴의 가장 큰 원인이 목회자의 문제라고 한 것은 목회자들에게 도덕성과 인격, 성품과 자질 면에서도 부족한 부분들이 많이 있지만, 무엇보다 목회자들이 하나님의 말씀인 성경의 권위를 약화시켰기 때문입니다. 그 결과 하나님의 백성들이 말씀에 순종하기보다 자기 소견에 옳은 대로 행하는 잘못을 범하고 있습니다. 하나님의 말씀이 기준이 아니라 자기 생각, 자기 신념을 기준으로 살아가는 것입니다. 이런 잘못된 행동으로 인해 한국교회는 신뢰를 점점 잃어가고 있습니다.

한국교회의 신뢰도 하락은 어제 오늘의 이야기가 아닙니다. 그래서 교회가 사회적 신뢰를 회복해야 한다는 자성의 목소리가 높습니다. 한국교회가 사회적 신뢰를 잃게 된 것은 교회가 사명에 충실하지 못했기 때문입니다. 하나님께서 주신 말씀의 비전을 가지고 살아야 하는데 그렇지 못했습니다. 교회가 교회답지 못하게 살아온 것입니다. 교회가 성경이 제시하는 비전을 따라 본질적 기능을 잘 감당한다면 사회적 신뢰는 자연스럽게 회복될 것입니다. 이런 상황에서 우리 백석총회가 어떤 비전을 가지고 나아가야 할 지 목회자, 교회, 총회의 입장에서 함께 생각해 보겠습니다.

(1) 예수 그리스도의 성품을 닮은 영적 지도자 양성

한국교회가 사회적 신뢰를 회복하기 위해 가장 필요한 것은 목회자들이 먼저 영적 생명력을 회복하는 것입니다. 목회자들이 영적 지도자로서 인격과 자질을 갖춘 상태에서 예수님의 성품으로 목회한다면 한국교회는 그리스도의 몸으로서 든든히 세워질 것입니다.

우리 총회의 신학인 개혁주의생명신학은 목회자들이 무릎 꿇고 기도하면서 먼저 회개의 본, 용서의 본, 나눔과 섬김을 실천하는 사랑의 본을 보일 것을 강조합니다. 그러기 위해서는 무엇보다 먼저 자기를 부인하고 날마다 자기 십자가를 지고 주님을 따르는 헌신이 있어야 합니다. 자신이 속한 교회, 노회, 총회만이 아니라 한국교회 전체를 생각하는 마음이 있어야 합니다. 탐심이 곧 우상숭배라는 사실을 기억하고, 명예와 물질에 얽매이지 않아야 합니다. 그래서 우리 백석총회에 속한 목회자들은 예수 그리스도의 성품을 닮은 영적 지도자로서 교회를 섬겨야 할 것입니다.

① 경건 훈련에 힘쓰는 평생 학습자

목사는 영적 지도자입니다. 교회에서 양무리의 본이 되어 거룩한 삶을 살아야 합니다. 성도들을 섬기는 목회자가 먼저 거룩한 삶을 살지 못하면 교회는 거룩한 공동체로 설 수 없습니다. 그러므로 목사는 거룩한 삶을 살기 위해 날마다 경건 훈련에 힘써야 합니다.

무엇보다 목사는 '말씀의 종'이기에 평생 말씀을 연구하고 가르치는 일에 전념해야 합니다. 하나님의 말씀인 성경은 그 깊이를 다 헤아릴 수 없기 때문에 목회자는 날마다 말씀을 상고하는 일을 게을리 하지 않아야 할 것입니다.

최근 평생 학습에 대한 관심이 증가하고 있습니다. 의무교육이 점차 확대되면서 교육의 기회가 상대적으로 높아진 현실에서 이제는 제도권 교육을 넘어 스스로 평생 학습을 하는 것이 아름다운 삶을 살아가기 위한 좋은 방법이라고 말합니다.

우리 총회는 앞으로 목사님들의 평생 학습을 위해서 '성경 연구 과정'을 활성화 하려고 합니다. 신학대학원을 졸업한 이후 혼자 성경을 연구해서 설교하는 것에 익숙해지면 자기 계발의 한계가 찾아옵니다. 목회에 실제로 도움이 되고 자기 계발의 한계를 극복할 수 있도록 총회에서 '목회자 연장 교육'을 실시할 것입니다. 성경을 체계 있게 공부할 뿐 아니라 성경을 바르게 해석하고 설교할 수 있도록 교육 과정을 구성할 것입니다. 성경의 각 권을 연구할 뿐 아니라 전체적인 흐름을 이해함으로써 하나님의 말씀을 시대적인 상황에 맞게 대언할 수 있도록 도울 것입니다. 새로운 신학의 동향이나 이단의 출현과 같은 사안들로 인해 목회 현장에서 어려움을 겪지 않도록 지속적으로 교육 과정을 발전시켜 나아갈 것입니다.

또한 성경 연구가 능력 있는 설교로 이어질 수 있도록 '설교의 코칭'을 받을 수 있는 기회도 제공할 것입니다. 이와 함께 다양한 강사를 모셔서 성례와 예식들에 대해서도 모범 사례를 보여줌으로써 목회 현장을 든든히 세워갈 수 있도록 할 것입니다. 교회를 섬기는 사역자가 평생 학습자로서 성도들을 위해 배움의 노력을 지속할 때 교회는 그리스도의 몸 된 공동체로서 더욱 든든히 세워질 것입니다.

② 인격과 자질을 갖춘 목회자

예수님께서는 온유와 겸손을 배우라고 말씀하셨습니다. 온유는 우리가 태어날 때부터 가진 성향이 아니라 오랜 훈련을 통해 형성된 성품입니다. 하나님의 말씀에 의해 훈련되고 통제되어 다스림을 받는 안정된 상태입니다. 겸손은 자신을 낮추며 상대방을 인정하고 높이는 욕심 없는 마음 상태를 의미합니다. 겸손은 하나님의 백성에게 평생 언제나 요구되는 신앙 덕목입니다(신 8:2; 대하 7:14). 겸손은 하나님을 향한 철저한 순종으로 나타납니다. 겸손한 사람은 자신에게 일어나는 모든 일을 하나님의 뜻으로 인정하고 겸허히 수용합니다. 하나님이 우리를 지으신 창조주이실 뿐 아니라 모든 것을 맡아 주관하시는 섭리의 하나님이심을 인정합니다. 이런 성품 훈련을 통해서 예수님을 닮은 목회자로서 온유와 겸손을 옷 입고 목회할 때 교회는 더욱 화목한 공동체가 될 것입니다.

우리 총회는 강도사 고시에서 응시자들을 대상으로 인성 검사를 실시하여 지원자가 목회자로서 자질을 갖추었는지 확인할 뿐 아니라 자신이 스스로를 돌아보아 개선할 수 있는 기회를 제공하고자 노력해

왔습니다. 우리 총회는 지금까지 시행해 온 인성검사를 더욱 발전시켜 '목회자 인격과 자질 검사' 프로그램을 개발하고, 목회자들을 위한 성품 교육과 인성 훈련까지 병행하여 실시하고자 합니다.

목회자의 인격과 자질은 혼자서 훈련한다고 해서 만들 수 있는 것은 아닙니다. 행복한 교회를 만들기 위해서 가장 기본이 되는 것은 목회자 가정의 행복이라 할 수 있습니다. 사역으로 인해서 갖는 스트레스와 피로감을 적절하게 해소할 수 있는 장치가 마련되어야 합니다. 이런 일을 지속적으로 감당하기 위해 우리 총회는 '목회협력지원센터'를 통해 목회자는 물론 목회자 가족들에게 상담지원을 하고 있습니다. 개인을 위한 상담, 목회자 자녀들을 위한 코칭심리, '가족치료'를 위한 상담 등을 지원해서 목회자가 인격과 자질을 갖추는 일에 온 가족이 함께 힘을 모을 수 있도록 체계적인 지원을 아끼지 않을 것입니다.

③ 영적 권위로 섬기는 지도자

한국교회에서 목회자의 신뢰가 하락하게 된 원인 중 하나는 목회자들이 자신을 구약 시대의 제사장과 같은 중보자라고 생각하는 특권의식입니다. 자신만이 축복권과 저주권을 가진 특별한 존재라고 착각하는 것입니다. 그러나 예수 그리스도께서 대제사장이 되어 자신을 십자가에서 단번에 드리셨기에 제사장은 더 이상 필요하지 않습니다. 중보자는 예수 그리스도밖에 없습니다. 예수님은 지금도 하나님 보좌 우편에서 우리를 위해 기도하십니다. 그러므로 목회자가 중보자인 것처럼 자신의 권위를 내세우는 것은 바른 자세가 아닙니다. 예수 그리스

신앙도 학문에 아닙니다

도 안에서 구원 받은 모든 성도에게 다른 제사장은 필요 없습니다.

목회자가 가지는 참된 영적 권위는 하나님의 말씀을 대언하는 것에서 비롯됩니다. 말씀의 대언자로서 하나님의 뜻을 전달하는 역할을 해야 하는 것입니다. 성경에서 말하는 목회자의 권위보다 제사장적 권위를 강조하다 보면 교회는 '교계주의,' 즉 계급주의를 벗어날 수 없습니다. 목사님들이 권위의식을 버리고 말씀의 능력으로 성도들을 양육할 때 교회는 건강해집니다. 목회자는 자신의 권위를 주장하기보다 성도들이 스스로 기도하고 말씀의 능력을 직접 체험할 수 있도록 양육해야 합니다. 예배의 구경꾼이나 관객이 아니라 예배자가 될 수 있도록 지도해야 합니다. 예배를 인도하고 성례를 집례하며 말씀을 통해 성도들을 훈육하는 목회자의 역할을 감당해야 할 것입니다. 말씀의 능력과 기도의 능력이 있는 영적 지도자가 되어야겠지만, 그 영적 권위로 인해 교만하지 않고 겸손히 성도를 섬길 수 있도록 근신하고 깨어 있어야 할 것입니다.

(2) 성경에 기초한 참된 교회의 구현

백석총회에 속한 교회들은 성경에 기초한 참된 교회를 구현하는 사명을 감당해야 합니다. 교회는 단지 인간이 만든 사회 조직이나 기관이 아닙니다. 하나님께서 제정하신 신적 기관입니다. 우리 총회가 강조하는대로 교회가 예수 생명의 공동체가 되기 위해서는 하나님께서 주신 사명을 잘 감당해야 합니다. 교회는 건물이 아니라 사람입니다. 사람과 사람 사이의 관계를 통해 거룩한 그리스도의 몸으로 지어져 가는 것입니다. 예수 그리스도는 교회의 머리이십니다. 따라서 어떤 사람이 자기가 그리스도의 대리자이며 교회의 머리라고 주장하는 것은 비성경적이고 그리스도를 모독하는 것입니다. 그리스도께서는 교회에 사명을 주셨습니다. 사명은 진실한 것입니다. 그 사명에 합당한 삶을 살아갈 때 교회는 공교회성을 회복하고 사회적 신뢰를 회복할 수 있습니다.

① 예배의 사명을 감당하는 언약공동체

예배가 생명이라고 말은 하지만 영과 진리로 예배를 드리는 것은 쉽지 않습니다. 그러나 우리는 반드시 기억해야 합니다. 교회가 감당해야 할 여러 가지 사명 가운데 가장 중요하고 첫째 되는 것은 바로 삼위일체 하나님을 예배하는 사명입니다. 교회는 이 사명을 위해 부름 받았습니다. 하나님의 백성으로 부름 받은 교회는 하나님을 섬기기 위한 언약공동체입니다. 하나님께서 모세를 통해 이스라엘 백성을 부르신 것은 하나님을 섬기고 제사를 드리게 하기 위함이었습니다. 마찬가지로 교회 역시 하나님께 속하였고 하나님만을 섬기는 공동체이기에 교회의 가장 본질적인 사명은 삼위일체 하나님께 드리는 예배인 것입니다.

하나님께 영광을 돌리는 가장 분명한 방법은 예배입니다. 교회는 찬미의 제사를 드리는 제사장들(벧전 2:9)의 모임입니다. 그래서 예배는 오직 삼위일체 하나님께 대한 섬김과 봉사이며, 무엇보다 자기 자신을 드리는 헌신입니다. 하나님께서는 예배 가운데 임재하시며, 그의 소유된 백성은 예배를 통하여 하나님을 만나는 은혜를 입는 것입니다. 예배의 중심은 하나님 말씀의 선포와 이에 감사드리는 우리의 찬양입니다. 선포된 말씀을 경건한 두려움으로 듣고 믿음으로 순종하며 기쁨으로 찬양할 때 생명력 있는 예배를 드릴 수 있습니다. 예배의 회복이 참된 교회 구현의 출발점임을 기억하고 예배의 사명을 잘 감당해야 할 것입니다.

② 신앙 교육과 경건 훈련의 사명을 다하는 신앙공동체

교회는 신앙공동체로서 '신앙 교육과 경건 훈련'의 사명이 있습니다. 교회는 신앙의 내용을 선포하고 가르치고 실천해야 합니다. 그러나 그 내용은 교회가 임의로 만들어 낸 것이 아니라, 성경에 기초한 사도적 신앙을 유산으로 물려받은 것입니다. 이 믿음의 유산은 세대를 이어가며 하나님의 말씀인 성경에 근거하여 참된 신앙고백으로 새롭게 갱신되고 고백되어야만 합니다. 또한 참된 믿음의 사람, 거룩한 언약 백성이 되기 위하여 끊임없이 신앙과 경건의 훈련이 계속되어야 합니다. 그러므로 교회는 과거의 신앙 유산을 그대로 보존만 하는 것이 아니라 자신의 세대는 물론, 다음 세대의 사람들에게 올바르고 적합하게 가르치고 전달함으로써 신앙을 계승해야 할 사명이 있습니다. 그렇지 아니할 경우, 하나님의 말씀을 떠나 '하나님을 알지 못하는 다른 세대'가 곧 일어나게 될 것입니다(삿 2:10).

현재 한국교회는 다음세대를 걱정하고 있습니다. 우리의 신앙의 유산이 제대로 계승될 수 있을지 근심하고 있습니다. 교회가 사명을 바르게 감당해왔다면 이런 문제는 발생하지 않았을 것입니다. 교회 공동체는 말씀과 기도로 훈련하고 양육하는 교육적 사명을 끊임없이 수행하여 믿음의 다음세대를 세워가야 합니다. 디모데전서 4장 8절은 "육체의 연단은 약간의 유익이 있으나 경건은 범사에 유익하니 금생과 내생에 약속이 있느니라"라고 말씀하셨습니다. 육체의 훈련은 약간의 유익이 있습니다. 그러나 경건의 훈련은 범사에 유익합니다. 하나님의 약속을 받은 성도들이 믿음으로 세상을 살도록 해주기 때문입니다.

디모데후서 3장 14-17절은 "그러나 너는 배우고 확신한 일에 거하라. 너는 네가 누구에게서 배운 것을 알며 또 어려서부터 성경을 알았나니 성경은 능히 너로 하여금 그리스도 예수 안에 있는 믿음으로 말미암아 구원에 이르는 지혜가 있게 하느니라. 모든 성경은 하나님의 감동으로 된 것으로 교훈과 책망과 바르게 함과 의로 교육하기에 유익하니 이는 하나님의 사람으로 온전하게 하며 모든 선한 일을 행할 능력을 갖추게 하려 함이라"라고 말씀하십니다.

교육이 발전하고 정보의 홍수 속에 살아가지만 참된 지식은 하나님을 아는 것과 성경의 가르침대로 살아가는 것입니다. 로마서 12장 2절은 "너희는 이 세대를 본받지 말고 오직 마음을 새롭게 함으로 변화를 받아 하나님의 선하시고 기뻐하시고 온전하신 뜻이 무엇인지 분별하도록 하라"라고 말씀하셨습니다. 썩어가는 이 세대를 본받지 않고 하나님의 선한 뜻을 분별하여 순종하기 위해서는 무엇보다 성경을 기준으로 살아가야 합니다. 모든 인생 문제의 해답이 성경에 있다고 다음세대가 고백하도록 해야 합니다. 교회가 신앙공동체로서 다음세대를 위한 신앙 교육과 경건 훈련의 사명을 잘 감당한다면 한국교회의 미래는 밝을 것입니다.

③ 참된 사귐이 있는 교제공동체

교회는 건물이나 제도 또는 조직이기 이전에 하나님의 백성이며 그리스도의 한 몸 된 성도들의 공동체입니다. 교회는 성도의 교제와 사귐이 없이 존재할 수 없습니다(행 2:42). 교회는 그리스도인들의 참된 신앙고백을 통해서 성령의 '교제' 안에서 서로 참된 사귐을 나누는 교제공동체입니다. 하나님 백성의 교제는 삼위일체 하나님의 사랑과 생명의 사귐에 참여하는 것에 그 본질적인 기초를 두고 있습니다. 고린도후서 13장 13절은 "주 예수 그리스도의 은혜와 하나님의 사랑과 성령의 교통하심이 너희 무리와 함께 있을지어다"라고 말씀하셨습니다. 우리가 공예배의 축도를 통해 이 말씀을 늘 믿음으로 받는 것은 그리스도의 은혜와 하나님의 사랑과 더불어 성령의 교통하심이 있어야만 교회로서 존재할 수 있기 때문입니다.

삼위일체 하나님과 성도들의 생명의 사귐은 먼저 성례를 통하여 가시화 됩니다. 성령 안에서 예수 그리스도를 통하여 주어지는 성례가 은혜의 수단으로서 역사하는 것입니다. 이러한 생명의 사귐은 세례와 성찬을 통하여 보존되고 강화되며 갱신됩니다. 그리스도가 내 안에, 내가 그리스도 안에 사는 삶을 가능하게 하는 것입니다. 이러한 성례전적인 사귐은 반드시 구체적인 삶의 영역에서 교제와 사귐으로 나타나야 합니다. 신약교회의 교제는 손님 대접하기를 힘쓰며, 서로의 짐을 나누어지며, 서로 격려해주고 기도해 주는 실천적인 행동이었습니다. 성찬은 이러한 교제의 특별한 표현이었습니다. 성도들의 교제는 오직 성령의 역사라고 할 수 있습니다. 그러므로 우리 안에 내주하시는 성령은 우리를 그리스도에게 연합시키는 '사랑의 줄'입니다. 성령으로 말미암아 그리스도와 연합한 그의 몸 된 교회는 교제와 사귐의 공동체입니다.

교회 안에서 서로 사랑함으로 시작된 교제는 교회 안에서만 일어나는 것이 아니라, 피조 세계 전체에 미칩니다. 즉, 교회는 하나님 앞에서 모든 피조물의 사귐을 대변하고 실현하는 것입니다. 코이노니아, 즉 교제의 본질적 표현은 하나님의 사랑인 아가페입니다. 아가페는 자신을 겸손하게 낮추며, 용서하며, 자기를 희생하는 십자가의 사랑을 말합니다. 사랑 받을 자격이 없는 대상을 위해 자신을 내어주는 것이 바로 아가페입니다. 이런 사랑이 성도의 교제 가운데 참으로 일어난다면 하나님께서 우리 안에 그런 사랑을 더 크게 베풀어 주실 것입니다. 초대교회가 부흥할 수 있었던 것도, 박해 속에서 잘 견뎌낼 수 있었던 것도, 시대를 막론하고 하나님을 영화롭게 하는 교회의 본질인 아가페가 있었기 때문입니다. 아가페는 성령의 선물이며 동시에 교회가 삶 속에서 실천해야 할 실제적인 사명임을 기억해야 합니다 (갈 5:22, 요일 3:18).

④ 섬김과 나눔의 사명을 다하는 봉사공동체

교회는 성령께서 주시는 다양한 은사를 소유한 성도들이 함께 섬기는 은사공동체입니다. 구약과 신약은 모두 성령의 은사와 직분에 대해 언급하고 있습니다. 성령은 우리 각자에게 은사와 직분을 나누어 주심에 있어 자유롭고 주권적이십니다. 성령께서 우리에게 은사와 직분을 주시는 목적은 섬김과 봉사의 일을 하게 하시기 위함입니다. 에베소서 4장 11-12절은 "그가 어떤 사람은 사도로, 어떤 사람은 선지자로, 어떤 사람은 복음 전하는 자로, 어떤 사람은 목사와 교사로 삼으셨으니 이는 성도를 온전하게 하여 봉사의 일을 하게 하며 그리스도의 몸을 세우려 하심이라"라고 말씀하셨습니다. 그리스도의 몸인 교회를 든든히 세우기 위해 각자의 직분과 은사를 선용하라고 말씀하신 것입니다.

우리는 그리스도의 몸 된 교회의 유익을 위해 우리에게 주신 은사와 직분에 따라 서로 섬기고 봉사해야 할 책임과 의무가 있습니다. 이와 같이 교회는 언제나 거룩한 섬김을 위한 섬김의 공동체요, 봉사의 공동체입니다. 하나님께서는 무엇이든 다 하실 수 있지만 우리의 손을 통해서 일하시길 기뻐하십니다. 그러므로 우리도 하나님의 뜻을 따라 이웃을 위하여 하나님의 손과 발이 되어야만 합니다. 하늘 영광 보좌를 비워두시고 이 땅에 오신 예수 그리스도를 본받아 '그리스도의 몸' 된 우리가 서로 섬기고 봉사할 때, 우리가 속한 그곳이 작은 '하나님 나라'가 될 것입니다. 마가복음 10장 45절은 "인자가 온 것은 섬김을 받으려 함이 아니라 도리어 섬기려 하고 자기 목숨을 많은 사람의 대속물로 주려 함이니라"라고 말씀하셨습니다. 예수 그리스도를 본받는 우리는 군림하는 자가 아니라 섬기는 자이며, 은사를 맡은 청지기라는 사실을 기억해야 합니다. 그러므로 교회의 모든 직분과 직책은 오로지 섬김으로부터 생겨나고, 섬김을 목표로 존재합니다. 그러한 섬김을 위해 자기에게 주신 은사가 무엇인지 세밀하게 살펴서, 그 주신 은사에 따라 섬기며, 은사에 합당하게 쓰임받을 때, 우리 모두에게 유익이 되고 축복이 됩니다. 하나님 앞에서 우리가 할 수 있는 가장 큰 봉사는 예배입니다. 그리고 사람을 향한 봉사인 섬김과 나눔이 동반될 때 교회는 참다운 봉사공동체로서 의미 있는 일을 감당할 수 있습니다. 하나님께서 주신 사명을 충성스럽게 감당하고 교회가 가진 선한 능력을 이웃을 위해 사용할 때, 교회를 향한 사회적 신뢰는 회복되고 성도들 스스로도 참 기쁨을 맛 볼 수 있을 것입니다.

⑤ 복음 전파에 힘쓰는 선교공동체

이 세상을 향해 교회가 수행해야 할 가장 중요한 사명은 바로 '복음 전파,' 곧 전도와 선교입니다. 교회는 예수 그리스도로부터 지상명령(至上命令)인 선교의 사명을 받았으며 성령의 역사를 통해 그 사명을 수행하고 있습니다.

마태복음 28장 19-20절은 "너희는 가서 모든 민족을 제자로 삼아 아버지와 아들과 성령의 이름으로 세례를 베풀고 내가 너희에게 분부한 모든 것을 가르쳐 지키게 하라"라고 말씀하십니다. 교회는 시작부터 복음증거의 사명을 가진 전도와 선교공동체입니다. 교회가 가진 선교 사명은 창조자이시며 구속자이신 삼위일체 하나님으로부터 옵니다. 그러므로 선교의 궁극적인 기초와 근거는 바로 창조자요 구속자이신 하나님의 절대적인 주권과 의지에 있습니다. 하나님께서 그 아들을 세상에 보내신 것처럼 이제 그리스도께서 그의 제자들을 세상으로 보내시며, 성령께서는 이 사역을 도우시며 효과적으로 이루십니다. "예수께서 또 이르시되 너희에게 평강이 있을지어다. 아버지께서 나를 보내신 것 같이 나도 너희를 보내노라. 이 말씀을 하시고 그들을 향하사 숨을 내쉬며 이르시되 성령을 받으라"(요 20:21-22). 하나님 아버지께서 아들을 보내심 같이 예수 그리스도께서도 우리를 세상으로 보내십니다. 성령과 함께 사명을 감당하도록 우리 안에 역사하십니다. "오직 성령이 너희에게 임하시면 너희가 권능을 받고 예루살렘과 온 유대와 사마리아와 땅 끝까지 이르러 내 증인이 되리라"(행 1:8). 개혁주의생명신학을 실천하는 우리 백석총회 소속 교회들은 민족복음화와 세계 선교에 힘써야 합니다. 영혼 구원이 그 무엇보다 더 중요한 일임을 기억해야 합니다. 생명을 살리는 교회가 되는 것은 전도와 선교에 전심전력할 때 가능합니다.

앞서 살펴 본 5가지 사명을 온전히 감당한다면 교회는 어떤 고난과 시련이 있을지라도 반드시 세상을 이기는 예수 생명의 공동체가 될 것입니다. 예수님께서 이미 세상을 이기셨기 때문입니다. 백석총회가 추구하는 성경적 교회의 핵심이 '참된 교회의 5가지 사명'에 담겨 있음을 깨닫고 사명에 충실한 비전공동체가 될 수 있기를 바랍니다.

(3) 개혁주의생명신학으로 민족과 세계를 살리는 총회

백석총회의 신학인 개혁주의생명신학은 이제 총회 설립 45주년을 앞두고 본격적으로 세계화를 향해 나아가고 있습니다. 총회 설립부터 예수 그리스도의 생명의 복음을 전하기 위해 진력해 온 백석총회는 명실 공히 한국교회의 중심 교단으로서 민족복음화와 세계 선교에 앞장서야 합니다. 성경에 기초한 성령운동으로 시작된 한국교회가 예수 그리스도의 생명력을 잃어버리고 점차 쇠퇴하는 것을 보면서 기도성령운동이 다시 들불처럼 일어나기를 바라는 마음 간절합니다. 그리고 그 일에 우리 백석이 마중물이 되도록 백석총회와 백석학원이 방배골과 안서골을 중심으로 성령운동을 펼쳐왔습니다. 캠퍼스 안에서 이루어지는 학원복음화, 지역사회에서 사랑을 실천하는 지역 복음화, 그리고 헌혈운동, 미자립교회 지원 운동, 자연 재해나 전염병 확산 시에 시행하는 긴급구호 등을 전국적으로 시행하며 민족복음화에 앞장서고 있습니다. 이제 백석총회는 설립 45주년에 즈음하여 세계 선교의 사명을 다시 견고히 하고자 합니다. 산골짜기마다 나라를 위해 기도의 제단을 쌓았던 신앙의 선진들을 본받아 열방을 향한 세계 선교의 열정을 다시 한 번 일으키고자 합니다. 이러한 백석총회의 다짐이 한국교회 전반으로 확산되어 대한민국이 다시 복음강국, 선교강국으로 우뚝 설 수 있기를 바랍니다.

한국교회 상황과 문제에 대한 해결책을 제시하기 위해 출발한 개혁주의생명신학은 처음부터 세계화를 준비해 왔습니다. 백석학원에 속한 교수들과 한국의 여러 대학의 신학교수들이 중심이 되어 '개혁주의생명신학회'를 결성하고, '과연 개혁주의생명신학이 한국교회 회복의 대안일 수 있는가?'에 대해서 신학적 논의를 지속해 왔습니다. 학회는 개혁주의신학과 개혁주의생명신학의 관계를 정립하는 일에 세계적인 석학들을 발제자로 초청해서 그들의 견해를 들어보았습니다. 한국교회 선교 초기와 달리 한국적인 신학이 세계적인 신학으로서 교회 회복의 대안이 될 수 있는지 그 가능성을 타진한 것이었습니다.

구약학은 트렘퍼 롱맨 (Tremper Longman III, Westmont College), 신약학은 크리스 카라구니스 (Chrys C. Caragounis, Lund University, Sweden), 교회사는 리처드 멀러 (Richard A. Muller, Calvin Theological Seminary), 조직신학은 윌리엄 더니스 (William Dyrness, Fuller Theological Seminary) 교수를 초청하여 개혁주의생명신학에 대한 고견을 들었습니다. 그들은 이론이 아닌 실천을 위해서 개혁주의생명신학은 꼭 필요한 것이며, 한국에서 시작된 실천운동이 세계 교회를 개혁하는 일에 쓰임 받기를 바란다고 하였습니다. 그분들 가운데는 적극 협조하겠다는 분들이 계셔서 현재까지 학회의 고문으로 활동하고 있습니다.

이러한 노력의 결과로 개혁주의생명신학은 저변을 꾸준히 확대하며 오늘에 이르렀습니다. 백석대학교에서는 백석정신아카데미가 주최하는 '개혁주의생명신학 포럼'을 통해 내부의 정체성을 확고히 함과 동시에 국제학술대회를 공동으로 주관하며 다양한 활동을 해오고 있습니다.

이제 백석총회와 백석학원의 신학적 근간인 개혁주의생명신학이 한국을 넘어 세계화 되는 일에 총회가 앞장서려는 움직임이 일어나고 있습니다. 총회는 설립 45주년을 앞두고 준비위원회를 구성하여 "개혁주의생명신학으로 민족과 세계를 살리다"라는 주제로 민족복음화와 세계 선교에 기여하기로 결단했습니다.

개혁주의생명신학의 세계화는 성경을 기준으로 개혁된 종교개혁의 정신을 다시 불일듯 일어나게 하려는 목표를 가지고 있습니다. 인간 중심의 사변화된 신학이 아니라 하나님 중심의 신학, 성경의 권위를 회복한 신학을 통해 삶의 변화를 일으키려고 하는 것입니다. 그 일에 영적 지도자인 신학자와 목회자들의 역할이 무엇보다 중요합니다. 학문만을 위한 신학이 아니라 민족과 세계를 살리는 신학, 교회를 부흥시키고 영혼을 살리는 신학을 해야 하는 것입니다. 5대양 6대주에 있는 선교사들이 영적 생명력을 지속적으로 공급받을 수 있는 선교대회를 개최할 것입니다. 세계적인 신학자들이 모여 신학이 생명력을 잃어버린 것을 회개하고 각성하며, 국제적인 학술대회가 영적 대각성의 현장이 되도록 준비할 것입니다.

이러한 일들을 감당하기 위해서는 먼저 우리 총회가 정체성을 확고히 하고 개혁주의생명신학 7대 실천운동을 목회 현장에 적용해야 할 것입니다. 성도들은 성경을 기준으로 신앙을 점검해야 하고, 교회는 회개용서운동을 통해 서로의 잘못을 용납하는 화목의 공동체가 되어야 합니다. 우리 모두 영적 생명운동으로 예수 그리스도의 영을 회복해야 할 것입니다. 하나님나라운동을 위해 각자의 자리에서 맡은 바 사명을 잘 감당할 뿐 아니라, 나눔운동을 통해 우리 안에 있는 그리스도의 사랑을 확실히 보여주어야 할 것입니다. 이 모든 일은 기도 성령운동을 통해서 성령의 인도를 받는 삶을 살아갈 때 가능합니다.

영적 지도자로서 목회자들은 신앙운동과 신학회복운동에 힘쓰며 인간의 지식을 의지했던 잘못을 회개하고 자기 십자가를 지고 주님을 따르겠다고 결단해야 할 것입니다. 십자가와 부활의 복음을 힘 있게 선포할 수 있도록 설교를 준비할 때 주석과 신학서적을 한 시간 읽었다면, 성경은 두 시간 읽고, 성경을 두 시간 읽었다면 그 말씀을 붙잡고 세 시간 기도하는 노력을 해야 할 것입니다. 그러할 때 하나님의 말씀이 성령의 역사하심을 통해 예수 그리스도의 생명으로 선포되는 역사가 일어날 것입니다.

이런 영적 파급력이 우리 총회의 목사님들로부터 시작되어 세계 곳곳에 확산되도록 하는 것이 백석총회가 추구하는 개혁주의생명신학의 세계화입니다. 복음의 영향력을 잃어버린 세계 곳곳에 예수 그리스도의 생명의 복음을 심을 수 있도록 복음 전파와 세계 선교에 앞장서는 것입니다. 자신이 속한 교회와 노회, 우리 총회만이 아니라 그리스도의 몸 된 교회로서 한국교회 전체를 하나 되게 하는 일에 우리 백석총회가 앞장서야 할 것입니다.

6
백석총회 설립 45주년을 바라보며

백석총회 설립의 역사적 배경을 시작으로 지난 43년간 우리 총회가 걸어온 길을 함께 살펴보았습니다. 1978년 어둡고 힘들었던 시대, 하나님은 복음의 능력으로 우리 총회를 세우셔서 한국교회 역사에 길이 남을 큰일을 행하셨습니다. 오직 하나님께 영광을 돌리겠다는 일념으로, 받은 사명을 감당하기 위해 몸부림쳤던 지난 날의 수고는 하나님의 은혜로 풍성한 열매를 맺었습니다. 우리 백석의 신학인 개혁주의생명신학은 이제 한국교회를 넘어 세계를 향하고 있습니다. 코로나19로 인한 힘든 상황이 계속되고 있지만 교회를 교회되게 하려는 신실한 목회자들의 눈물과 헌신은 아름다운 결실을 맺을 것이라고 확신합니다.

　백석총회가 신학은 학문이 아니라 예수 그리스도의 생명의 복음임을 굳게 믿고 선포하며 나아갈 때, 세계는 다시 복음으로 뜨거워질 것입니다. 목회자는 평생 학습자로서 말씀과 기도에 전념하는 영적 지도자가 되어야 합니다. 예수 그리스도의 성품을 닮은 온유하고 겸손한 목회자가 되어야 합니다. 그리스도의 몸 된 교회를 섬기며 제사장적 사명을 감당하는 섬김의 종이 되어야 합니다. 그렇게 할 때 교회가 교회다워질 것입니다.

　영적 지도자들의 섬김을 통해 예배의 감격과 기쁨이 회복될 것입니다. 이 땅의 교회들이 예배의 사명, 신앙 교육과 경건 훈련의 사명을 감당하는 교회가 되어 다음세대와 함께하는 뜨거운 신앙공동체로 세워질 것입니다. 사랑으로 서로 교제하고, 나눔과 섬김의 봉사를 감당하며, 지상명령을 수행하는 선교공동체로 세워질 것입니다. 그것이 우리 백석 총회가 꿈꾸는 교회입니다.

　총회 산하 모든 교회들이 예수 생명의 공동체, 거룩한 비전공동체로 설 수 있도록 총회는 끝까지 협력하고 지원할 것입니다. 그렇게 할 때 개혁주의생명신학으로 민족과 세계를 살리는 역사가 일어날 것입니다. 우리 총회는 날마다 말씀으로 개혁되어야 합니다. 성령의 불길이 우리 총회를 중심으로 다시 일어나 한국교회가 성령 안에서 하나 되는 날까지 믿음으로 하나 되어 승리하는 백석총회가 됩시다!

개혁주의생명신학 선언문

개혁주의생명신학 선언문

종교개혁 500주년을 맞이하여

하나님은 거룩하고 보편적인 하나의 교회를 세우셨다. 교회의 토대인 하나님의 말씀은 변함이 없지만, 세상 속의 교회는 시대의 흐름에 따라 변화되어 왔다. 중세교회가 예수 그리스도의 복음을 왜곡하였을 때 성령께서는 종교개혁자들을 일으켜 교회를 바른 길로 돌아오게 하셨다. 종교개혁 이후의 교회도 위기마다 성경을 재발견함으로 개혁되어 왔다. 개혁된 교회는 성령과 말씀의 인도하심에 따라 항상 개혁되어야 한다.

어둡고 공허하던 한반도에 복음의 빛이 비추인지 130여 년이 흘렀다. 하나님의 은혜로 한국교회는 부흥과 성장을 경험하며 국가 발전과 세계선교에 공헌했다. 그러나 우리는 죄와 허물로 인해 후손들에게 영광스러운 교회를 물려줄 수 없게 되었다. 우상숭배와 분열, 교권주의와 세속화에 빠져 교회의 본질이 흐려지고 영적 능력을 상실했다. 하나님께서는 위기의 시대를 살아가는 우리를 새로운 사명으로 부르신다. 지금은 성경을 통해 말씀하시는 성령의 음성을 듣고 우리의 신앙과 교회를 새롭게 해야 할 때다. 만일 우리가 현실에 안주하여 회개하지 않는다면 주께서 슬퍼하며 탄식하실 것이다.

한국교회의 근본 문제는 영적 생명을 잃어버린 데 있다. 일부 목회자들의 영적 타락으로 인해 사회적 지탄을 받고 있으며, 생명을 살리는 복음적 설교가 사라지고 있다. 또한 성도들도 십자가와 부활 그리고 내세 소망이 없는 세속적 설교에 길들여져 회개와 변화를 잃어버렸다. 이 모든 문제의 출발점에 잘못된 신학이 있다. 헬라 철학자들은 신학을 '인간이 신에 관하여 말하는 학문'으로 정의했다. 이는 유한한 인간이 창조주 하나님에 관해 성경을 따르지 않고 자신의 방식으로 말한 것이다. 피조물인 인간이 영이신 창조주 하나님을 학문의 대상으로 삼을 수 없다. 신학자들이 성령

의 음성에 순종하기보다 학문만을 추구한 결과, 교회를 섬
겨야 할 신학이 사변화(思辨化)되고 말았다.

참된 신학은 성령의 도우심으로 하나님과 예수 그리스도
를 인격적으로 아는 것이다. 성령의 인도하심을 받지 않는
신학에는 예수 그리스도의 생명이 없다. 신학은 학문이 아
니다. 예수 그리스도의 생명의 복음이다.

500년 전 중세교회는 교황의 권위와 교회의 전통을 성경
위에 두는 죄를 범했다. 종교개혁자들은 이러한 잘못된 가
르침에 맞서 '5대 솔라'의 신앙원리를 정립했다. '5대 솔라'는
'오직 성경', '오직 그리스도', '오직 믿음,' '오직 은혜', '오직
하나님께 영광'이다. 이는 성경에 근거한 가르침으로, 개혁
주의신학(Reformed Theology)의 핵심이다. 그러나 오늘의 개
혁주의신학은 종교개혁의 정신을 잃어버렸다. 학문과 교리
는 붙들면서도 말씀에 순종하는 삶은 소홀히 함으로 복음의
생명력을 약화시켰다.

개혁주의신학이 예수 그리스도의 생명을 회복하도록 우
리는 '개혁주의생명신학'(Reformed Life Theology)을 주창하
고 실천해 왔다. 이는 새로운 신학이 아니다. 개혁주의생명
신학은 하나님 자신과 교회와 세상을 말씀에 비추어 그릇된
것은 바로잡고 올바른 것은 계승하는 개혁주의신학을 따른
다. 개혁주의생명신학은 하나님의 말씀 가운데 나타나는 예

수 그리스도의 생명의 역사가 회복되기를 소망한다. 이를 위해 성령의 인도하심을 따라 먼저 자신을 말씀과 기도 가운데 개혁하고, 교회를 예수 그리스도의 생명으로 새롭게 하며, 세상을 예수 그리스도의 복음과 사랑으로 변화시키려 한다.

우리는 예수 그리스도의 생명이 개혁주의생명신학을 통하여 한국교회에 다시 약동하게 되기를 소망한다. 하나님의 영이 마른 뼈에 들어가서 큰 군대가 된 것처럼 성도들이 살아나기를 기도한다. 성전에서 흘러나오는 성령의 강수가 광야에 꽃을 피우고 죽음의 바다를 살린 것처럼, 강단에서 흘러나오는 생명의 말씀이 세상을 살리기를 원한다. 두 막대기가 예언자의 손에서 하나 된 것처럼, 그리스도의 찢겨진 몸이 연합하고, 갈라진 한반도가 하나 되기를 소망한다. 성령이여, 오셔서 교회를 살리소서!

오직 성경, 성경을 통하여 말씀하시는 성령

성경은 하나님의 아들 예수 그리스도의 복음이다(눅 24:27; 롬 1:1-2). 성경은 인간의 구원과 삶의 모든 문제에 대한 유일하고 완전한 답이다. 성경에 기록된 하나님의 말씀이 선포되는 곳에서 성령도 함께 일하시며 예수 그리스도의 생명의 역사가 일어난다(요 6:63 하).

종교개혁은 성경보다 전통을 신봉하는 중세교회의 가르침에 반대하여, 성경 66권만을 신앙과 삶의 표준으로 삼았다. 오늘날 한국교회가 종교개혁의 성경관에 굳게 서지 못함은 안타까운 일이다. 자유주의와 보수주의를 막론하고 신학자들은 성경을 이성의 비평 대상으로 삼아 신학을 학문으로만 여긴다. 목회자와 성도들은 성경 전체의 가르침을 보지 않고 자기에게 필요한 구절만을 취한다.

성경은 성령의 감동으로 기록되었기에 성령만이 성경을 올바로 해석하여 적용하게 해 주시는 분이다(딤후 3:16-17; 벧후 1:21). 성령께서 영의 눈을 열어 주실 때에야 비로소 우리는 성경을 생명의 말씀으로 체험한다(엡 1:17-18). 성경을 학문적으로만 다루게 되면 영적 생명을 상실하게 된다. 율법 조문은 죽이는 것이고 영은 살리는 것이다(고후 3:6). 영이 살아야 학문도 산다. 우리는 학문적 노력에 앞서 무릎을 꿇고 성령의 도우심을 간구해야 한다(고전 12:3).

신학은 하나님에 관한 인간의 말이 아니라, 하나님께서 인간에게 하시는 말씀이다. 신학은 학문이 아니라 예수 그리스도의 생명의 복음이다!

오직 그리스도, 십자가와 부활의 삶

예수 그리스도만이 구원의 유일한 길이다. 하나님은 우리에게 그리스도 외에 구원받을 만한 다른 이름을 주시지 않았다(행 4:12). 철학과 종교, 과학과 문화, 그 무엇도 우리를 죄와 사망으로부터 구원할 수 없다. '오직 그리스도'를 부정하는 종교혼합주의와 종교다원주의는 잘못된 사상이다. 하나님과 사람 사이의 유일한 중보자이신 예수 그리스도를 어느 누구도 대신할 수 없다(딤전 2:5).

모든 사람이 범죄하여 하나님의 영광에 이르지 못하게 되었다(롬 3:23). 우리의 마음이 어두워지고 어리석게 되어 하나님께 감사와 영광을 돌리지 않고 도리어 하나님의 영광을 썩어질 우상으로 바꾸었다(롬 1:21-23). 하지만 하나님께서는 이런 우리를 사랑하셔서 독생자 예수 그리스도를 화목제물로 내어 주셨다(롬 5:8; 요일 4:10). 예수 그리스도는 하늘의 영광된 보좌를 비워 두시고, 이 땅에 오셔서 십자가를 지기까지 하나님의 뜻에 순종하셨다. 예수 그리스도는 십자가에서 구원 사역을 다 이루시고(요 19:30), 사흘 만에 부활하심으로 부활의 첫 열매가 되셨다(고전 15:3-4; 15:20). 예수 그리스도께서는 십자가에서 우리 죄를 사하셨고, 부활을 통해 우리를 의롭게 하셨다(롬 4:25).

하나님의 형상과 영광을 회복하는 유일한 길은 예수 그리스도의 십자가와 부활을 믿는 것이다. 이러한 믿음은 십자가와 부활의 삶으로 나타나야 한다(고후 4:10-11). 이제는 내가 사는 것이 아니라 오직 내 안에 그리스도께서 사는 것이다. 우리의 자아가 십자가에서 온전히 죽을 때 우리 안에서 예수 그리스도의 생명의 역사가 일어난다(갈 2:20). 이것이 성령의 인도를 받는 삶이다(갈 5:24-25). 성령의 도우심으로 부활의 삶을 살도록 우리는 날마다 무릎을 꿇고 기도해야 한다(고후 4:11).

오직 믿음, 순종하는 믿음과 기도

믿음은 하나님의 선물이며(엡 2:8-9), 살아계신 하나님을 인격적으로 신뢰하는 삶이다. 우리의 구원은 '오직 믿음'으로만 가능하다. 진정한 믿음은 순종을 동반하기에(롬 1:5) 행함이 없는 믿음은 죽은 것이다(약 2:17).

중세교회는 인간의 공로로 구원받을 수 있다는 율법주의를 주장함으로써 하나님의 주권을 부정했다(딛 3:5). 종교개혁은 이러한 주장에 반대하여 오직 믿음으로만 의롭게 된다는 성경의 진리를 밝히 드러내었다(롬 1:17). 하나님은 우리를 의로운 행위 때문에 구원하신 것이 아니라 예수 그리스도를 믿는 믿음을 보시고 구원하셨다.

참된 믿음은 순종으로 나타난다(갈 5:6). 믿음이 순종을 동반하지 않아도 구원받을 수 있다고 가르치는 반율법주의는 하나님의 은혜를 오해한 것이다(약 2:19). 그들은 순종 없는

믿음을 가르침으로써 하나님의 은혜가 삶으로 열매 맺는다
는 사실을 부정한다. 오늘의 교회도 칭의만을 강조한 나머
지 성화를 소홀히 해왔다. 그러나 우리는 믿음으로 의롭다
함을 얻을 뿐 아니라 거룩함도 얻는다(고전 1:30; 6:11).

하나님은 우리에게 죄 사함의 은혜를 주실 뿐 아니라 우
리를 그 은혜에 합당한 거룩한 삶으로 부르신다. 믿음은 거
룩한 부르심에 대한 우리 인간의 순종이다. 순종은 우리의
힘과 능력으로 되는 것이 아니라 오직 성령의 도우심으로만
가능하다(슥 4:6).

성령의 인도하심을 따라 기도할 때 우리의 믿음이 더욱
깊어진다(유 1:20). 믿음으로 기도할 때 주께서 병든 자를 고
치시고 죄인을 구원하신다(약 5:15). 마귀를 대적하며 시험을
인내로써 이기는 길은 주 앞에 엎드려 기도하는 것뿐이다(약
4:7-8). 믿음으로 구하는 것을 얻을 수 있으며(약 1:6), 믿음
으로 고난을 견딘다(히 11:24-25). 성령 안에서 드리는 기도
는 하나님의 부르심에 믿음으로 순종하는 길이다(엡 6:18).

오직 은혜, 용서와 화해의 복음

구원은 하나님의 전적인 은혜다. 인간의 공로로 얻을 수
없다(엡 2:7-9). 하나님은 사람이 범죄하여 타락한 후에도 여
전히 은혜 베풀기를 기뻐하셨다. 하나님의 은혜는 독생자

예수 그리스도의 십자가에서 절정에 이르렀다. 우리의 화평이신 예수님은 오랫동안 막힌 담을 무너뜨리고 화해와 통합을 이루셨다(엡 2:14). 예수 그리스도의 생명을 화목제물로 값없이 내어 주신 하나님의 은혜가 헛되지 않도록 우리는 그 은혜를 삶에서 날마다 되새겨야 한다(롬 3:25; 요일 4:10).

그러나 안타깝게도 오늘의 한국교회는 분열을 거듭하고 있다. 하나 되라고 하신 성령의 명령을(엡 4:3) 지키지 못하고 이기적 욕망과 교권주의로 분열의 아픔을 겪고 있다. 교회의 연합은 시대적 사명이자 하나님의 명령이다. 우리는 하나님의 은혜를 헛되이 하지 않아야 한다. 오직 은혜로 구원받은 우리는 화해와 용서로 하나 되라는 하나님의 명령에 순종해야 한다. 십자가의 은혜로 죄 용서 받은 사람은 자신에게 죄 지은 사람을 용서해야 한다(마 18:35). 하나님의 은혜를 체험한 사람은 용서할 수 없는 사람도 용서하고 사랑할 수 없는 사람까지도 사랑한다.

하나님의 은혜의 복음을 증언하는 것은 주 예수께 받은 사명이다(행 20:24). 거저 받았으니 거저 주어야 한다(마 10:8). 구원받은 이후에도 하나님의 은혜 없이는 살 수 없다. 하나님의 인도하심과 보호하심이 없으면 길을 잃는다. 때를 따라 돕는 은혜를 얻기 위하여 하나님의 보좌 앞에 담대히 나아가야 한다(히 4:14-16; 고후 5:18). 우리는 복음을 말로만

전파하지 말고 용서와 화해를 주시는 성령의 능력으로 전파
해야 한다(엡 2:18; 살전 1:5).

오직 하나님께 영광, 희생과 봉사의 삶

우리 삶의 목적은 하나님께 영광을 돌리는 데 있다. 하나
님은 온 천하 만물 가운데 홀로 거룩하시고 홀로 영광 받으
실 분이다(사 6:3; 롬 11:36). 성자 예수님은 성부 하나님의 영
광을 십자가와 부활을 통하여 나타내셨다(요 1:14; 히 1:3). 성
령 하나님은 예수님을 죽은 자 가운데서 일으키시어 영화롭
게 하셨다. 또한 우리 양심을 죽은 행실에서 깨끗하게 하시
고 살아 계신 하나님을 섬기게 하심으로 하나님께 영광을
돌리셨다(롬 1:4; 히 9:14).

구원받은 사람은 예수 그리스도를 본받아 십자가와 부활
의 삶을 산다. 예수 그리스도는 우리의 주님이요, 모범이요,
인도자이시다. 우리는 그의 말씀을 지키고, 그의 성품을 본
받아야 한다. 우리는 생명 살리는 복음을 전하기 위해 보냄
받은 그의 제자들이다(요 20:21). 제자 된 우리는 소금과 빛
의 삶을 통해 믿음의 본을 보여야 한다(마 5:13-16; 벧전 5:3;
딤전 1:16-17; 4:12). 우리 자신의 힘으로는 제자의 삶을 살
수 없다. 제자는 자아를 십자가에 못 박고 그리스도의 생명
으로 살아야 한다(갈 2:20).

우리가 지금 받는 고난은 장차 우리에게 나타날 지극히 큰 영원한 영광과 비교할 수 없다(롬 8:18; 고후 4:17). 십자가와 부활을 믿는 자들은 약속된 영광을 누릴 자로서(벧전 5:1) 삶의 모든 영역에서 하나님께 영광을 돌려야 한다(고전 10:31). 우리가 하나님께 영광을 돌리기 위해서는 날마다 자기 십자가를 지고 희생과 봉사의 삶을 살아야 한다(눅 9:23). 하나님의 영광을 가리는 우리의 실상을 회개하고 그 회개에 합당한 열매를 맺어야 한다(마 3:8).

주께서 영광의 보좌에 앉아 만물을 새롭게 하시는 날(마 19:28), 그의 발 앞에 우리의 면류관을 벗어드리며 그의 영광과 존귀와 권능을 영원히 찬양하리라(계 4:10-11).

개혁주의생명신학 7대 실천운동

우리는 16세기 종교개혁자들로부터 물려받은 개혁주의신학이 가장 성경적인 신학이라고 믿는다. 개혁주의생명신학은 그리스도께서 내 안에 사시고 내가 그리스도 안에 사는 영적 삶을 통해 개혁주의신학을 실천하는 운동이다.

첫째, 성경만이 우리의 신앙과 삶의 유일한 표준임을 믿고, 개혁주의신학을 계승하는 신앙운동이다.

둘째, 사변화된 신학을 반성하고, 하나님의 말씀으로 돌

아가기 위하여, 신학은 학문이 아니라 예수 그리스
도의 생명의 복음임을 고백하는 신학회복운동이다.

셋째, 하나님 앞에서 자신을 돌아보고 회개하며, 서로를
용납하여 하나 됨을 추구하는 회개용서운동이다.

넷째, 우리 속에 예수 그리스도의 영을 회복하여 복음으
로 사람을 변화시키는 영적생명운동이다.

다섯째, 성령의 도우심으로 우리의 신앙과 삶의 모든 영
역에서 예수 그리스도의 주 되심을 실현하는 하
나님나라운동이다.

여섯째, 예수 그리스도께서 세상을 위하여 자신을 희생하
신 것같이 우리가 받은 모든 것을 세상과 이웃을
위하여 나누고 섬기는 나눔운동이다.

일곱째, 오직 성령만이 개혁주의생명신학 실천운동을 가
능하게 하심을 고백하며, 모든 일에 성령의 인도
하심과 역사하심을 구하는 기도성령운동이다.

2017년 9월 14일

찾아보기

신학은 학문이 아닙니다